户外运动项目教育理论与实践

孟 然◎著

吉林出版集团股份有限公司
全国百佳图书出版单位

图书在版编目（CIP）数据

户外运动项目教育理论与实践 / 孟然著 . -- 长春：
吉林出版集团股份有限公司, 2023.8
    ISBN 978-7-5731-4287-0

    Ⅰ.①户… Ⅱ.①孟… Ⅲ.①体育锻炼 – 教学研究
Ⅳ.① G806

中国国家版本馆 CIP 数据核字（2023）第 180459 号

户外运动项目教育理论与实践
HUWAI YUNDONG XIANGMU JIAOYU LILUN YU SHIJIAN

著　　者	孟　然
责任编辑	蔡大东
封面设计	李　伟
开　　本	710mm×1000mm　　1/16
字　　数	197 千
印　　张	11.5
版　　次	2024 年 1 月第 1 版
印　　次	2024 年 1 月第 1 次印刷
印　　刷	天津和萱印刷有限公司

出　　版	吉林出版集团股份有限公司
发　　行	吉林出版集团股份有限公司
地　　址	吉林省长春市福祉大路 5788 号
邮　　编	130000
电　　话	0431-81629968
邮　　箱	11915286@qq.com
书　　号	ISBN 978-7-5731-4287-0
定　　价	69.00 元

版权所有　翻印必究

作者简介

孟然，体育学博士，山东体育学院硕士生导师。先后主持全国教育科学"十三五"规划教育重点课题（DLA170414）《中小学体育教学质量监测机制的研究》子课题《中学单杠教学质量监测指标体系的开发研究》、山东省教育科学"十四五"规划2021年度课题《十四五期间中小学体育与健康教育"家—校—社会"共育新模式研究》、2021度山东省文化和旅游研究课题《基于"以人为本"下：山东运动休闲特色小镇体育旅游的研究分析》、2023年度山东省青少年教育科学规划项目《新时代青少年学校体育"大思政课"格局构建研究》。主要研究方向：休闲体育、体育教学。发表SCI论文2篇。

前　言

在现代社会背景下，休闲逐渐成为人们一种刚性需求。随着社会物质财富的极大丰富和生产效率的不断提高，人们的闲暇时间也越来越多，休闲的内容也更加丰富。休闲逐渐成为时代发展的主旋律，休闲体育与区域经济及城市发展的关联越来越密切。在我国进入休闲时代的社会背景下，休闲经济的快速发展及体育市场的日益壮大，使得社会大众对应用型体育服务人才的需求增加。伴随新消费观念的形成，休闲健身产业有着促进社会和谐发展，提高小康指数和幸福生活指数的作用。

户外运动作为一个重要的休闲体育运动项目，深受健身爱好者的欢迎和喜爱。户外运动是在自然场地开展的体育运动项目群，集休闲、娱乐、探险于一体，具有重要的健身、健心、教育价值。在当前社会，随着生活水平的不断提高，人民要求更高质量的生活，在承受诸多社会压力的情况下需要释放自我、挑战自我和回归自然的需求不断扩大。户外运动的重要教育价值再次得到人们的重视，户外运动也因此重新进入学校教育领域和大众视野，户外运动的参与人数逐渐增多。将户外拓展运动引入体育教学实践是体育教学的一种创新和发展。

本书共分五章。第一章为户外运动项目教育概述，介绍了户外运动基础知识、户外运动项目教学、户外运动项目教育价值三个方面的内容。第二章为户外运动项目教育科学理论基础，阐述了运动生理学基础、运动心理学基础、运动学基础。第三章为户外运动项目教育指导，主要介绍了三个方面的内容，依次是户外运动项目的课程体系、户外运动项目教学模式、户外运动项目的教学组织与管理。第四章为户外运动项目教育实践，论述了山地户外运动、冰雪户外运动、水上户外运动、户外拓展训练。第五章为户外运动项目教育实践的安全保障体系，主要介绍了五个方面的内容，分别是户外运动项目教育的原则与注意事项、户外运动项目教育的体能与心理准备、户外运动项目教育的营养需求与补充、户外运动项目教育的急救知识储备、户外运动项目教育计划的制订。

在撰写本书的过程中，作者得到了许多专家学者的帮助和指导，参考了大量的学术文献，在此表示真诚的感谢！限于作者水平有限，加之时间仓促，本书难免存在一些疏漏，在此，恳请同行、专家和读者朋友批评指正！

孟然

2023 年 1 月

目 录

第一章 绪论 ··· 1
   第一节 户外运动基础知识 ··· 1
   第二节 户外运动项目教学 ·· 15
   第三节 户外运动项目的教育价值 ····································· 20

第二章 户外运动项目教育科学理论基础 ·································· 29
   第一节 运动生理学基础 ·· 29
   第二节 运动心理学基础 ·· 35
   第三节 运动学基础 ··· 42

第三章 户外运动项目教育指导 ·· 51
   第一节 户外运动项目的课程体系 ····································· 51
   第二节 户外运动项目教学模式 ······································· 59
   第三节 户外运动项目的教学组织与管理 ····························· 64

第四章 户外运动项目教育实践 ·· 69
   第一节 山地户外运动 ··· 69
   第二节 冰雪户外运动 ··· 94
   第三节 水上户外运动 ·· 110
   第四节 户外拓展训练 ·· 132

第五章 户外运动项目教育实践的安全保障体系 143

- 第一节 户外运动项目教育的原则与注意事项 143
- 第二节 户外运动项目教育的体能与心理准备 145
- 第三节 户外运动项目教育的营养需求与补充 149
- 第四节 户外运动项目教育的急救知识储备 160
- 第五节 户外运动项目教育计划的制订 167

参考文献 171

第一章 绪论

户外运动是一项新兴的具有挑战性的运动,是一种健康的生活方式,体现了人们积极乐观的生活态度,不仅可以陶冶情操、增长见识,还可以锻炼身体、修身养性,参与户外运动就是对自我最大的挑战之一。人们通过参与户外活动,可以较大地挖掘自己的潜能,增强面对困难的信心,勇于克服困难,体会人与人在困境中相互帮助、共同协作度过险境的团队精神。本章内容为户外运动项目教育概述,阐述了户外运动基础知识、户外运动项目教学、户外运动项目教育价值。

第一节 户外运动基础知识

一、户外运动的历史进程

(一)户外运动的开端

户外运动起源于欧美国家早期的探险和科学考察,是人们在规范和安全的前提下,从事具有一定风险且具有挑战性的活动。户外运动最早起源于登山运动,可以追溯到18世纪。

在欧洲西部的阿尔卑斯山区,高山海拔达3000~4000米,据说在接近"高山植物禁区"的地方,生长着一种野花,叫作高山玫瑰,当地居民一直流行着一种生活习俗:如果某个男孩向女孩求爱,为了表达自己对爱情的忠诚,要战胜困难和危险,勇敢攀登高峰,去采摘高山玫瑰,将其献给心爱的女孩。

这种登山活动象征了男人的坚强、勇敢以及对爱情的坚定,可以说是户外运动的开端。一直到现在,当地居民还依然保留着这种习俗,阿尔卑斯山区的登山产业发展迅猛,是广大群众喜爱以及踊跃参加的活动。

（二）户外运动的发展

1. 国外户外运动的发展

1945年后，随着经济的发展，户外活动摆脱了军事和求生的束缚，逐渐发展成了人类娱乐、休闲和提升生活质量的一种新的生活方式。

1989年，新西兰举办了首次越野探险挑战赛，各种各样的户外活动和比赛在全世界大范围开展起来，发展出了以攀岩、漂流、滑雪、滑板等带有冒险性的极限运动。

目前，在欧洲，每年都有众多大型挑战赛举行。在美国，参与户外运动的人数和户外运动产值都位于体育运动的第三位。英国是户外运动之乡，是近代竞技运动的重要发源地。

英国在工业革命的影响下，工业生产快速发展，以军事为目的的兵式体操运动席卷整个欧洲。英国新兴的资产阶级为了解决一系列社会问题，如生产节奏加快、城市人口剧增，在全国范围内积极推行户外运动，如狩猎、射箭、登山、帆船、游泳、跳远、投石、羽毛球、高尔夫球、赛艇等。

户外运动正在通过各种理想的体育休闲手段，通过各种更加自由、随意的运动方式，在人们的生活中普及开来，成为深受大众喜爱的休闲运动项目。

户外运动同时也在朝着另一个方向发展，形成新的体育竞赛运动项目。1973年，人们想要在长距离自然水域游泳、长距离山地自行车和马拉松比赛这三种体育比赛中评选出最严酷的比赛，但是大家争执不休，最后一致认为连续参加这三项比赛才是最严酷的比赛，这就是历史上的第一次铁人三项赛。

随后，在新西兰诞生了平原和山地铁人赛。1980年，正式创办滑雪、山地跑、激流皮划艇的多项铁人赛。2001年，在瑞士举办首届越野挑战赛、世界锦标赛，欧洲每年都会举办形式多样的大型越野挑战赛。

新西兰是现代户外探险、越野运动的发源地，每年有2/3的人口会直接参与不同形式的户外运动。在美国，半数以上的国民一生中都会至少参与一次户外探险运动，参与的野营、郊游活动更是数不胜数。

2002年，莱德加洛伊斯赛行程达到1000千米，为期12天，赛程多半是在世界上最险峻的中越边境的山脉与森林中，这个赛事每年举办1次，最后由预赛优胜者进行决赛。

目前，国际性越野挑战赛发展迅速，在世界各地流行，近年来还诞生了欧洲锦标赛、世界冠军赛、知名越野挑战赛等近百个赛事。

各种区域性、赛时较短的大小赛事达到上千个，尽管参加探险越野赛让人们精疲力竭，但是在广阔的大自然中，人们能够挖掘自己体能的潜力，感受大自然的壮美，焕发无限活力。

2. 国内户外运动的发展

我国地域辽阔，地形特点多样，是一个多山的国家，世界上4座海拔8000米以上的高峰中有9座都位于我国境内，国内海拔达到1000~3000米的山更是不计其数。独具特色的地理环境为我国开展登山、攀岩等户外运动提供了充足、优越的条件。

我国户外运动的起源比国外要晚100多年，我国登山运动刚开始发展的时候，世界登山运动已经进入"喜马拉雅的黄金时代"。

我国登山运动的目的较为明确，主要是科学考察、创登高纪录。1957年，中华全国总工会登山队登上了四川西部海拔7556米的贡嘎山顶峰，这是我国第一次独立组队开展的登山活动。以攀登贡嘎山的胜利为标志，我国登山运动进入一个新的发展时期。

1959年，我国男女混合登山队登上了号称"冰山之父"的慕士塔格山顶峰。

1960年，我国登山运动员从北坡成功攀登珠穆朗玛峰，自此我国登山运动进入世界先进行列。

20世纪70年代，女子登山运动员向8000米以上高度的山峰迈进，1975年，一支9名包括女运动员在内的我国登山队再次攀登了珠峰，创造了女子登山高度的世界纪录。

20世纪80年代，中国、日本、尼泊尔三国联合跨越珠峰，标志着人类登山运动进入到一个新的历史阶段。

1988年，我国登山家李致新、王勇峰等人同美国登山家联合共同登上了南极文森峰，开拓了中国人去海外登山探险的第一步，李致新、王勇峰等人花费了11年成功攀登了世界七大洲的最高峰，为我国登山事业作出了卓越的贡献。

我国民间登山组织几乎是和我国官方登山组织一同发展起来的。20世纪50年代末，中国地质大学、北京大学等院校结合在地质方面的专业优势，组织成立了登山队，得到国家体育总局和中国登山协会的大力支持。在过去的几十年中，为我国培养了大量的国际登山健将，储备了充足的登山运动后备人才，造就了当今的登山、户外运动的优秀管理者，开启了我国民间登山探险活动的新篇章。

我国登山运动取得了很大的成就，野外科学考察和某些科学研究领域也有突出贡献，人们逐渐开始了解和认识登山运动，相继成立了北京大学山鹰社、清华大学登山队。登山队的目标不仅是攀登高峰，也对我国的地理环境特征进行了详细的考察，如在生态、气候、动植物等方面。取得了巨大成绩的同时也付出了一定的代价，登山运动由于受多方面条件的限制，所以是极少数人能够参与的一项活动。

2002年至2005年，每一年中国登山协会都会举办国际山地极限运动挑战赛，包括山地自行车、器械攀岩、负重跑等。

2003年开始，中国登山协会每年在重庆武隆县（今武隆区）举办中国重庆武隆国际山地越野挑战赛，包括了暗河穿越、攀岩、溜索、漂流等项目。

2003年10月，中国登山协会在四川九寨天堂举办2003年中国九寨天堂山地户外挑战赛，包括登山攀岩、自行车越野、黄河逆渡等比赛项目，海拔平均在3000米以上，总距离超过170千米，长距离的赛程成了中国登山协会举办户外赛事以来强度最大的一次比赛。

2005年，在新疆帕米尔高原举行了"中坤杯"帕米尔高原户外挑战赛，比赛分为四个赛段，整个赛程从海拔1300米攀升至4300米，一共设置了十几个项目，包括越野跑、划船、滑沙等，赛程总长达到200千米。

在这之后，中国登山协会还举办了江西三清山越野挑战赛、贵州梵净山越野挑战赛等比赛。

2007年组织对我国第一期中级户外运动指导员的培训活动，促进了我国户外运动的发展。到目前为止，西藏登山队是全世界第一个以团队形式用14年时间（1993—2007年）完成攀登14座8000米以上山峰壮举的队伍，成功把中国送进了"世界十四座登山俱乐部"。

2008年，一批正直、有追求的资深媒体人和户外运动爱好者共同发起"中国优秀人士合作交流沙龙"，主张优秀人才在一起成长，提倡"精神立志，行动创造"，主要在广州、深圳等我国经济发达的地区交流。

2009年，户外资料网是我国优秀的户外运动网站，其举办的户外行业大评选活动基本是户外运动的行业标准，这一年将评选活动正式改名为"尊驴奖"。这一年评选活动是中国户外行业规模最大、最正式的一次大盘点，覆盖面广，免费参与，对2009年中国户外行业的发展进行总结，同时吸引了更多的人了解并且参与户外运动。

2011年，"中国优秀人士合作交流沙龙"经过两年多的转型升级，"中国户外运动协会"最终被审批通过依法注册，正式在中国香港成立。户外运动协会坚持以下三重价值理念观念：一是美妙人生，惬意生活；二是自然怀抱，认知重生；三是康乐之道，修身修心。

2012年，中国登山协会在浙江温州举行全国山地户外运动锦标赛，赛程180千米，共有25支队伍参加比赛。中国地质大学登山队用时4年零7个月的时间，完成了"7+2"的纪录，目前全世界用时最短，中国地质大学也成了全世界首个独立组队完成"7+2"极限探险科考的大学。

2014年，全国户外运动大赛暨中国户外运动节在浙江省宁海县胡陈乡举办，这是一次集赛事、游戏、文化、展销于一体的综合性户外"嘉年华"，是国内规模最大的户外盛会。这次活动的目标是打造中国户外运动项目的大展示，全国户外运动发展的风向标，做到专业与大众结合，体现了我国户外运动、体育产业、行业的全面结合。

2015年，在四川省举办甘孜环贡嘎山国际百公里山地户外运动挑战赛，以打造"甘孜山地旅游，东方户外天堂"为目的，竞赛分设男、女50千米组，男、女100千米组单人不间断山地户外运动越野赛。

2016年，四川省彭州龙门山举办国际山地户外运动挑战赛，赛事全程200千米，参赛队伍达到25支，其中13支中国队伍都是国内目前最高水平的队伍，包括皮划艇、公开水域游泳、定向越野等8个项目。比赛过程中可以领略到彭州绚丽的山水风光，高水平的参赛队伍也使比赛的内容更加激烈，具有较强的观赏性。西藏登山队完成了"14座"和"7+2"（登顶七大洲最高点和徒步抵达南北极点）的"大满贯"。

2017年，我国三名登山者成功登顶海拔8125米的世界第九高峰南迦帕尔巴特峰。其中，张梁成为首个登顶全部14座8000米以上高峰的我国民间登山者。

以张梁等为代表的中国登山家，正以挑战精神和专业态度将中国户外成就推向新的高度。

2018年，"中芬运动健康小镇"启动仪式在北京举行，中芬运动健康小镇项目由ERTC国际设计联盟发起，Santasport集团提供体育教育和运营支持，目的是将芬兰领先的体育培训体系和户外运动生活方式引入我国。"中芬运动健康小镇"的项目内容包括北欧定向运动公园、自然家大本营、少年足球学校等特色模块。

当前，诸如登山、徒步、溯溪、漂流、探洞、野外生存等很多刺激惊险的山地户外运动项目都被中国人接受，从少数爱好者逐渐转变为大众化的休闲体育方式。有近25%的高中在体育课程教学中设立了户外运动类教学内容。中国地质大学（武汉）还专门设立了户外运动专业的本科学生，系统培养高等户外运动人才。

二、户外运动的界定

（一）户外运动的含义

户外运动是从国外"Outdoor Sports"等名词翻译而来，由此可见，"什么是户外运动"与"什么是体育"之争相似，这也是中国人自己的烦恼。在引进国外概念的时候，为了概而全之地表达某类运动项目，仅仅靠一个称谓自然会导致词义表述狭隘。户外运动也是如此，"Outdoor Sports"只是国外用来表述竞技性户外运动项目的名词，他们还用"Outdoor Activities""Outdoor Recreation""Outdoor Adventure""Outdoor Education"等名词称呼"户外运动"中的不同内容。因此，我们无须过多纠结于称谓问题。虽然"户外运动"这个名称从字面意思上无法肩负统称大任，但不管是赞同者还是异议者，大家意会到的户外运动是基本一致的。

户外运动是近几年来在我国开展起来的集运动和休闲为一体的新型体育运动，最初只是少数人寻求刺激、挑战自我的一项极限游戏随着经济全球化，生态环境恶化，人才竞争加剧，人们渴望亲近自然，释放压力，放松心情，户外运动应运而生并且得到了普及。

2000年后，户外运动发展迅猛，参加的人数剧增，以登山、攀岩、野营、探险等项目最为普及，这些运动在欧美等发达国家已经十分盛行，经营模式已经相对成熟。这些户外运动经典项目也被逐步引入国内，户外运动很快进入到公司白领、行政职员、高校学生等群体的日常休闲活动中，户外运动作为一个新名词已经被大众所接受。

1. 广义的户外运动

有的人认为在室内以外就是户外，人体的空间位移就是运动，因此，走出房屋院落露天之下的活动就属于户外运动，比如，在露天的环境中跑步、打球、散步等。

广义的户外运动包含了所有在室外进行的活动，比如室外球类运动、田径、骑马、射箭等。但是这样定义户外运动过于宽泛，容易和其他体育活动相混淆，划分不够明确，没有体现户外运动的独特特征。

2. 狭义的户外运动

2003年，对户外运动的研究全面展开，有学者在研究中指出户外运动是在自然场地开展的体育活动，也有的学者认为，户外运动是一组以自然环境为场地带有探险性质或体验探险性质的体育项目群。在这两个概念中都提到了"自然场地"和"体育活动"。

狭义的户外运动就是在自然场地（非专用场地）中开展的体育活动，这些运动主要在室外开展，通过参与者自身的努力，使自己的身心都得到了广泛的锻炼，人们能够与自然亲近，包括少数极限运动。

自然场地是非专用场地，包括大自然和人工非运动目的的建筑物，如公路、楼房等，对户外运动来说就是最自然的状态，一些运动项目虽然在室外，但是采用的是人工专用场地，比如足球、沙滩排球，这一部分运动项目排除在外。体育活动就是确定了这项活动的性质是体育，将在自然场地中进行的活动，如旅游、生产等排除在外。

（二）户外运动的特征

远古人扛着弓箭射雕，拎着竹枪捕鱼，每天过着"野外生存生活"。进入现代文明的21世纪，人类尝鲜式地过上老祖宗的生活，却迷惑于自己在干什么。确切回答什么是户外运动不是件容易的事情，但清晰解说这个问题，不仅有利于有的放矢地推动户外运动发展，还将促进户外运动相关工作。

户外运动的性质决定了它是一项高风险的运动项目，一般面临一些极端恶劣的环境，没有统一的运动规律，客观条件复杂多变，团队成员之间也会出现微妙的心态变化，当意外发生时求救都比较困难。

户外运动是一种综合性极强的运动项目，要想成为一名真正的户外运动参与者，需要了解地理、气候、运动、医学、人文等方面的知识，同时还要具有良好的心理素质、沟通能力、团队精神，丰富的实践经验、刚毅的性格，勇于付出和牺牲，这些要素对于参与户外运动来说非常重要。

户外运动是人文体育、绿色体育、科技体育，是促进社会发展、构建和谐社会的重要方法，是广大人民群众健身休闲的主要选择。户外运动作为一项朝阳产业，扩大了体育消费，创造了就业机会，带动相关产业的共同发展，促进了经济繁荣。户外运动的特征主要体现在以下几个方面：

1. 不可预知性

户外运动就是挑战极限、挑战自我的代名词，其运动结果具有不可预知性，是一项充满挑战和探险的运动项目。在探索过程中可以激发人们的上进心和求知欲，激发人们无限的潜能，在困难中磨砺坚毅的性格品行，今后在学习、生活和工作中有应对挑战、克服困难的勇气和决心。

2. 自然性

户外运动主要在自然环境中进行，与大自然亲密接触，回归自然，返璞归真，对于生活在都市中的人们来说具有很强的吸引力，让人们在运动中能够享受自然，感受大自然的魅力。中国传统文化中提倡天人合一，追求人与自然的和谐统一，人与自然能够协调发展共进以及保护生态环境。

3. 综合性

户外运动是一门综合性的学问，受到地理环境、自然水文、动物植被等因素的影响，参与者不仅是运动素质的强人，而且还具备多方面的科学知识、专业技术和生活技能，能够应对和解决多种问题，是具备综合知识的复合型人才。

4. 团队性

户外运动强调团队精神，特别是一个团队要能够统一思想、协调步伐，团队的力量远大于个人的力量，大家能够团结协作，互相帮助，甚至能够同生死、共命运，尤其是在恶劣环境中，坚持信念，才能最终取得成功胜利。在户外运动过程中建立的友谊和感情，将会让人终生难忘、刻骨铭心，但要记住不要一个人挑战自然。

5. 教育性

户外教育（Outdoor Education）是指将教育延伸到户外，在自然中学习，自我成长，并获得大自然中丰富的知识，不仅强调精熟技巧与活动竞争的发展，同时还注重个人或团体面对挑战性活动（事件）时的处理方式与应对能力，其宗旨是利用大自然中的题材唤起人类潜藏的适应能力，以身体力行的方式从活动中学习。英国人库尔特·哈恩在1941年成立的户外冒险学校（Outward Bound school）被视作现代户外教育的鼻祖。

目前，我国多所高校开设了户外运动教育课程，如中国地质大学开设的野外生存生活课、广西科技大学开设的拓展训练课、厦门大学开设的爬树课、武汉大学开设的定向越野课等。

作为教育内容的户外运动，其目的性较强，着眼于促进人的某项素质发展，如拓展训练被用来提高个体领导力和团队凝聚力、野外生存生活则被用来提高个体的社会适应能力等。

户外运动是一种体验式教育，组织和引导参加者亲自投入到实践过程中，能够自觉学习天文地理、运动医学、人文历史等科学知识，在实践过程中掌握书本中无法学到的知识和技能，全面提高人们的整体素质和团队精神。

目前出现了很多挑战体验培训或拓展培训的相关课程，在团队建设、企业管理、康复治疗等多方面发挥着重要的作用，成为体验教育的重要组成部分。户外运动能够培养人们团结、奉献、互助的品行道德，形成健康的心理品格，转化为良好的行为习惯。

6. 体能性

户外运动对体能有严格的要求，有的要求几乎达到了人体极限，是一门专业性非常强的运动，运动方法和训练方式都非常科学。人们在户外运动中挑战极限，完善自我，比赛并不是一场两场或者一局两局，最短是一天，有的会持续一周两周，参与者需要夜以继日地顽强拼搏。

户外运动对参与者的生理、心理和装备都提出了很高要求，参与者要能跑、能攀、能爬，上山下水，有时还要饿着肚子，抗热耐寒能力要强，要有全面的体能和应变能力。

（三）户外运动的类型

户外运动有着多种分类，依据不同的标准，分类的情况也有所不同。主要的划分标准有三个，分别为环境特点、活动地形和组织形式。

1. 环境特点

按照环境特点和技术特点划分，可以将户外运动分为一个个单个项目。如"穿越"类可以是山地穿越，也可以是丛林或沙漠穿越，还可以是定点穿越；与攀岩类似的还有攀冰、下降等。而且随着户外运动的发展，也会产生一些新的项目，如最近从国外引进的"猎兔"运动就受到很多爱好者的追捧。部分常见的户外运动项目，如图1-1-1所示。

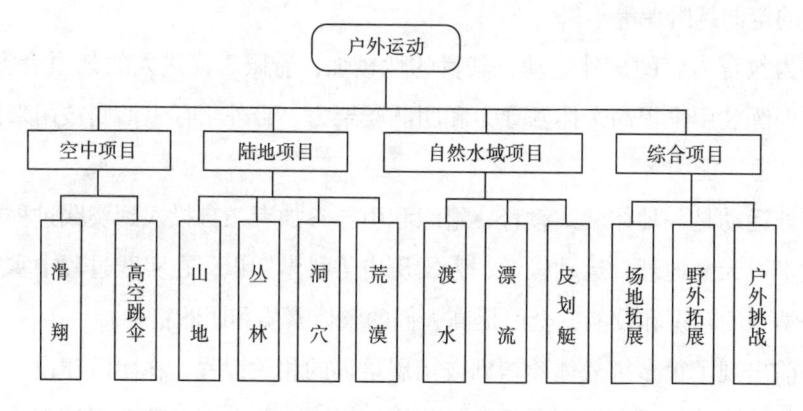

图1-1-1 以环境特点为标准对户外运动进行的分类

2. 活动地形

有的学者从竞技运动的角度将户外运动分为山地、海岛、荒漠、高原和人工建筑五大项，每个大项分为若干系列，如表1-1-1所示。

表1-1-1 以活动地形为标准对户外运动进行的分类

大项	系列	项目
山地户外运动	丛林	定位与定向、丛林穿越、丛林宿营、丛林觅食、丛林急救等
	峡谷	溯溪、溪降、搭索过河、漂流等
	岩壁	（器械）攀岩、岩降、攀冰等
	其他	群众登高活动

续表

大项	系列	项目
高原户外运动	高山探险	登山、高山滑雪等
	高原探险	高原徒步、高原峡谷穿越、江河源头探险等
海岛运动	荒岛生存	觅食（水）、宿营、联络、求援等
	滩涂运动	滑沙、滩涂运动游戏、结绳负重等
	峭壁运动	海上攀岩、悬崖跳水、溜索等
	近岸水域运动	木筏环岛、水中滚木等
荒漠运动	沙漠运动	滑沙、沙漠穿越、沙漠生存等
	戈壁运动	戈壁穿越、戈壁生存等
	荒原运动	穿越项目、生存项目等
人工建筑户外运动	垂向户外运动	攀楼、攀塔、地下管道攀降等
	水平户外运动	自行车、汽车公路穿越、直排轮公路穿越、公路徒步穿越、地下管道穿越等

3.组织形式

户外运动的项目分类，按照组织形式和目的性划分，可以分为三大类。

①群众性登山户外运动。

②探险体验性培训。

③探险越野赛。

三、政策文件关于户外运动的研究

（一）全国及各地区户外运动行业相关政策汇总

1.国家层面户外运动行业政策

根据观研报告网发布的《中国户外运动行业发展趋势分析与未来前景预测报告（2022—2029年）》显示，近年来，为了促进户外运动行业发展，我国陆续发布了许多政策。国家层面户外运动行业政策，如表1-1-2所示。

表 1-1-2　2014—2022 年国家层面户外运动行业政策汇总

发布时间	发布部门	政策名称	重点内容
2014 年	国务院	关于加快发展体育产业促进体育消费的若干意见	有条件的地方可设立体育发展专项资金，对符合条件的企业、社会组织给予项目补助、贷款贴息和奖励。鼓励保险公司围绕健身休闲、竞赛表演、场馆服务、户外运动等需求推出多样化保险产品。
2016 年	国务院办公厅	关于加快发展健身休闲产业的指导意见	发展户外运动。制定健身休闲重点运动项目目录，以户外运动为重点，研究制定系列规划，支持具有消费引领性的健身休闲项目发展。
2016 年	国家发展改革委，国家体育总局，工业和信息化部等部门	山地户外运动产业发展规划	完善基础设施网络。加强山地户外运动场地设施的科学规划与布局，建立"点、线、面"立体、多元的山地户外运动场地设施体系。适当增加山地户外运动设施用地和配套设施配建比例。
2018 年	国务院办公厅	关于印发完善促进消费体制机制实施方案（2018—2020 年）的通知	积极培育冰雪运动、山地户外运动、水上运动、航空运动、汽车摩托车运动、电竞运动等体育消费新业态。
2018 年	国务院办公厅	关于加快发展体育竞赛表演产业的指导意见	创新社会力量举办业余体育赛事的组织方式，开展马拉松、武术、搏击、自行车、户外运动、航空运动、极限运动等项目赛事，采用分级授权、等级评价等方式，增加赛事种类，合理扩大赛事规模。鼓励各地加强体育赛事品牌创新，培育一批社会影响力大、知名度高的业余精品赛事。
2019 年	国务院办公厅	关于促进全民健身和体育消费推动体育产业高质量发展的意见	分项目制定新一轮产业发展规划，加强相关基础设施建设，鼓励各地开发一批以攀岩、皮划艇、滑雪、滑翔伞、汽车越野等为代表的户外运动项目。
2021 年	国务院	关于印发全民健身计划（2021—2025 年）的通知	大力发展运动项目产业，积极培育户外运动、智能体育等体育产业，催生更多新产品、新业态、新模式。在国家体育消费试点城市基础上，择优确定一批国家体育消费示范城市，充分发挥试点城市、示范城市作用，鼓励各地创新体育消费政策、机制、模式、产品，加大优质体育产品和服务供给，促进高端体育消费回流。

续表

发布时间	发布部门	政策名称	重点内容
2022年	中共中央办公厅 国务院办公厅	关于构建更高水平的全民健身公共服务体系的意见	推动户外运动发展。编制户外运动产业发展规划。开展自然资源向户外运动开放试点，制定在可利用的水域、空域、森林、草原等自然区域内允许开展的户外运动活动目录。推动户外运动装备器材便利化运输。鼓励户外运动装备制造企业向服务业延伸发展。
2022年	国务院	关于印发"十四五"旅游业发展规划的通知	充分发挥国家公园教育、游憩等综合功能，在保护的前提下，对一些生态稳定性好、环境承载能力强的森林、草原、湖泊、湿地、沙漠等自然空间依法依规进行科学规划，开展森林康养、自然教育、生态体验、户外运动，构建高品质、多样化的生态产品体系。

2. 地方层面户外运动行业政策

为了响应国家号召，各省市积极推动户外运动行业，如江苏省发布的《江苏省全民健身实施计划（2021—2025年）》健全体卫融合联席会议机制，推动建立运动促进健康新模式。探索建设省、市、县、乡镇、村五级体卫融合服务机构，建成一批"健康小屋""健康驿站"。鼓励社会力量参与运动促进健康机构的建设与运营，提供运动健身、慢病防治、保健康复等服务。地方层面户外运动行业政策，如表1-1-3所示。

表1-1-3 地方层面户外运动行业政策

发布时间	省市	政策名称	重点内容
2022年	湖南	湖南省全民健身实施计划（2022—2025年）	加强体育赛事活动安全监管，组织实施户外运动安全分级管控体系建设工作，严格落实关于疫情防控的各项决策部署和属地防控要求，建立全民健身赛事活动安全防范、应急保障机制。
2021年	江苏	江苏省全民健身实施计划（2021—2025年）	健全体卫融合联席会议机制，推动建立运动促进健康新模式。探索建设省、市、县、乡镇、村五级体卫融合服务机构，建成一批"健康小屋""健康驿站"。鼓励社会力量参与运动促进健康机构的建设与运营，提供运动健身、慢病防治、保健康复等服务。

续表

发布时间	省市	政策名称	重点内容
2021年	湖北	湖北省全民健身实施计划（2021—2025年）的通知	依托山水、人文、历史等资源，推动山地、航空、水上、冰雪等户外运动项目与旅游融合，建设一批山地户外营地、航空飞行营地、运动船艇码头、滑雪场等体育旅游设施，打造一批体育旅游精品线路和体育旅游目的地。
2020年	河南	关于进一步激发文化和旅游消费潜力的通知	促进文化和旅游与体育融合，开发运动体验、赛事参观、户外运动等体育旅游项目。
2022年	浙江	关于加快发展体育产业促进体育消费的实施意见	创新体育产业项目利用外资方式，有效利用境外直接投资、国际组织和外国政府优惠贷款、国际商业贷款。开发涉及大众健身、体育赛事、体育场馆、户外运动、职业俱乐部等的体育保险产品。
2021年	广东	广东省全民健身实施计划（2021—2025年）的通知	建立全民健身赛事活动安全防范、应急保障机制和户外运动安全分级管控体系。落实网络安全等级保护制度，加强全民健身相关信息系统安全保护和个人信息保护。坚持防控为先和动态调整原则，统筹做好赛事活动举办和新冠肺炎疫情防控工作。
2020年	陕西	陕西省人民政府办公厅关于加快建设体育强省的实施意见	陕南地区发挥生态优势，打造水上、户外运动休闲产业聚集区和绿色运动食品种养基地。推动区域体育产业协同发展，支持打造一批体育旅游精品线路、户外运动休闲产业带。鼓励各市（区）建设体育园区和体育众创空间，积极引入知名体育产品和品牌。
2021年	江西	江西省人民政府办公厅关于推进康养旅游发展的意见	积极支持体育旅游、户外运动、电子竞技等新兴产业发展，培养"康养+运动"产业市场。以地方传统特色体育项目为切入点，打造品牌运动康养赛事活动。

（二）专家解读《户外运动产业发展规划（2022-2025年）》

随着全民健身与全民健康深度融合，户外运动逐渐成为人民群众喜闻乐见的运动方式，户外运动产业快速发展。《户外运动产业发展规划（2022—2025年）》（以下简称《规划》）印发，为户外运动产业的发展提供了进一步的政策保障。

户外运动产业相关专家认为，《规划》在完善顶层设计、优化发展环境、培育市场主体等多个方面发力，对于助推户外运动产业高质量发展具有重要意义。

1. 完善顶层设计 加强部门协同

有关专家认为，《规划》明确了户外运动产业发展的总体思路、发展目标和重要任务，是当前和未来一段时期指导户外运动产业发展的综合性、基础性文件。

2. 优化发展环境构建空间布局

《规划》提出，要在推动自然资源向户外运动开放、推进户外运动装备器材便利化运输、搭建户外运动产业发展平台等方面优化户外运动产业发展环境。

放眼全球，利用自然保护地开展户外运动是一种常态。研究人员指出，《规划》在保护生态环境的基础上引导户外运动项目绿色开发，创新性提出自然资源向户外运动开放试点工程，探索户外运动进入国家公园等自然保护地的有效做法，进一步拓展了户外运动产业发展新空间。

《规划》明确提出促进区域户外运动产业协调发展，构建"五区三带"户外运动产业空间布局，依据各地特点，分别打造北方冰雪运动引领区、华东户外运动示范区、中部户外运动体验区、华南户外运动休闲区、西南户外运动集聚区，以及黄河文化户外运动带、长江水上运动带、滨海户外运动带。

第二节　户外运动项目教学

一、户外运动项目教学概况

（一）户外运动项目教学的基础知识

1. 户外运动项目教学的含义

户外运动自 20 世纪 80 年代传入我国后，深受群众欢迎。随着户外运动在我国的日益发展，逐渐地被引入高校教学。

20 世纪 80 年代，中国地质大学（武汉）根据地质专业的特点，把登山训练引入到课堂教学，把登山的基本技术——攀岩，确定为学校体育必修课。

20 世纪 90 年代中期，随着体育教学改革的不断深入及大学生综合素质教育的全面推行，中国地质大学（武汉）根据学校专业特点及教学优势，在"地质大体育观"体育教学理念的指导下，在国内首创了集体育学、地理学、管理学、气象学、医学等学科为一体的野外生存体验课，引入了智力与体力相结合的体育项目——定向越野。

2002年，教育部颁布了《全国普通高等学校体育教学指导纲要》，提出体育教学要"培养学生能参加有挑战性的野外活动和运动竞赛"的目标。按照该精神，中国地质大学（武汉）率先开设了"户外运动"普修课，主要以野外生存体验、定向越野、攀岩、拓展运动为教学内容，传授户外运动的基本理论知识和实践技术，使学生发掘自身潜能，锻炼自我超越意识，培养高度责任心，以及独立观察、思考和判断的能力，培养团结互助、密切配合的团队精神。

此后，华东师范大学、南京体育学院、浙江师范大学、浙江工商大学、浙江林学院等100多所高校也相继开展野外生存体验课程教学，户外运动教学在高校形成了一定规模。尤其值得一提的是，高校户外运动课程的"发源地"——中国地质大学（武汉），近年来，户外运动蓬勃发展，其教学内容、方法、手段以及组织形式不断完善，已经形成了一套科学系统的"课内课外相结合"的教学模式，并于2005年成立了体育系，开始招收社会体育（户外运动）本科专业学生；2007年，开始招收户外运动理论与实践方向的体育教育训练学硕士研究生。中国地质大学（武汉）特色体育项目由20世纪50至60年代的登山发展到如今集攀岩、定向越野、野外生存、拓展训练为一体的"户外运动"综合课程，其采用别开生面的形式，在大自然中进行教学、训练、体验，改"应试教育"为"素质教育"，取得了较好的效果，得到了广大师生和社会各界的普遍认同。

那么，究竟如何界定户外运动项目教学呢？户外运动项目教学是指在教师有目的、有计划、有组织的指导下，学生积极主动地学习和掌握系统的户外运动基础理论知识和基本技能，促进学生身体素质、心理品质和适应能力的一种教育活动。户外运动教学是完成体育教育任务的基本途径，是以户外运动（包含野外生存、攀岩、定向越野、拓展运动等多个项目）体育课为主要组织形式实施的。

2. 户外运动项目教学的主要内容

（1）户外运动项目教学内容体系的理论基础

①良好的身体素质，健康、成熟的心理品质及基本的户外理论知识、技术技能是完成户外运动教学的必备素质。身体素质、心理素质、理论知识、技术技能的获取都能通过教学方式来实现。

②通过在郊外或学校周边，利用自然环境条件进行有针对性的练习，以达到户外运动所必备的素质。

③户外运动的理论知识、技术技能（如攀爬技术、野外方向的判定、自制用具、疾病防治等），可通过专门的理论与技术训练及实践操作课的教学来实现。

（2）户外运动项目教学内容的结构体系

户外运动项目教学内容的结构体系由户外运动理论、户外运动实践和户外运动综合训练三部分组成。理论教学包括户外运动概论、定向运动、生存的技能技巧、户外医学、饮食卫生、危险因素、自救求救等内容；实践部分的内容则更加丰富，包括身体、心理、技术和技能四个方面的训练；通过对户外运动理论知识的学习和配套的实践训练后，采取野外生存综合训练的方式对学生掌握户外运动技术技能的水平进行检验。

（二）户外运动项目教学的目标与意义

为了贯彻落实党的十六大报告中提出的教育方针，按照2002年8月教育部颁布的《全国普通高等学校体育教育指导纲要》所制定的教学目标要求，许多高校相继开展了户外运动教学。

1. 户外运动项目教学的目标

结合户外运动教学的不同内容，可以达到以下具体目标：

①通过学习户外运动基本理论知识，使学生了解户外运动的起源、发展、特点、目的和意义，激发学生学习兴趣。

②通过学习和掌握身体素质练习方法，使学生充分认识到良好的身体素质是进行户外运动的先决条件，学会制订个人锻炼计划。

③通过学习户外医学，使学生掌握常见运动创伤的处置方法，增强自我保护的意识、知识及能力。

④通过拓展心理训练，培养学生有效沟通的技巧、团队协作精神，发掘自身潜能，促发自我超越意识，培养高度责任心及队员之间信任合作。

⑤通过学习攀岩，使学生了解攀岩运动的起源、发展、技术特点和意义，掌握结绳和攀岩保护方法，掌握攀登技术、下降技术，培养勇敢、积极向上、团结互助、超越自我的精神。

2. 户外运动项目教学的意义

结合户外运动的特色，从高校实际出发，户外运动教学的意义主要有以下几点：

①以人为本，充分利用空气、阳光、江河、湖海、沙滩、田野、森林、山地、草原、荒原等条件，把课堂设到户外。

②体现互动式教学模式，注重实际操作能力培养，体现团队协作精神。

③使学生掌握参与户外运动应具备的基本知识、技术技能及参与并指导户外运动的能力。

二、户外运动项目教学在我国高校的开展情况

（一）高校户外运动社团基本情况

学校的体育社团组织是大学生参与户外运动活动的主要形式。南开大学地理学会、天津大学天行健户外协会、天津工业大学自行车协会、天津财经大学定向越野协会、天津体育学院足迹户外运动俱乐部五所高校普遍拥有自己的户外运动社团或协会，其中的天津财经大学定向越野协会创立最早。该协会成立于2003年，多次参加全国性比赛并取得较好成绩，并带动天津市高校陆续开展户外运动、成立相关社团。徐州高校有少数学生选择俱乐部进行有计划、有组织的运动，大多数都是自己组织，还有极少数是学校社团组织和学校课程安排的定向运动。

（二）户外运动场地、器械配备情况

户外运动基本的场地、器械是否配备完善是影响户外运动能否开展下去的必备件。少数高校拥有简易的户外运动相关场地和器材，大部分高校没有相关器材，极大地妨碍了户外运动在高校的传播，也影响了其发展的可行性。例如，南开大学和天津大学拥有登山、攀岩的场地以及相关器械，天津财经大学拥有专业定向越野计时设备、定向越野地图，天津体育学院拥有简易定向越野器材、攀岩墙。徐州高校大部分的户外运动在徐州本地开展，主要集中于定向越野和徒步两大户外运动。

三、户外运动项目教学的优化措施

（一）加强户外运动课程的建设

高校户外运动课程的建设，要做到明确户外运动课程的重要性，加强户外运动在体育教学中的主体地位，可以通过户外运动的知识宣讲、相关比赛、文化节和体验课程等方式加强大学生对户外运动课程的认知，从而扩大户外运动课程的宣传，使大学生有更多的机会参与到户外运动课程当中。

户外运动课程目标应以"促进学生全面发展"作为核心课程目标。户外运动以其自身特点，要求学生在学习过程中做到相互尊重、相互信任、相互帮助、能够服务于团队、尊重自然等优秀的品质。在课程思政教育不断深化的大背景下，户外运动课程能够极为有效地培养当代大学生的思想道德素养。

（二）改革教学模式，调整教学内容

在教学模式上，要充分体现学生的主体性、充分发挥学生的主观能动性，让学生从以前的"灌输式"被动接受转变为主动的"探究式"学习，从调动头脑思考到支配身体行动，从而能够较为科学的学习到新的知识与技能，为自身发展进行知识和技能的积累，从而提升自己的能力。

在教学内容上，应该适应当下社会发展需要，从社会与学生的实际情况出发，以提高身体素质、学习专业知识和感受户外文化为出发点，改变以往单纯注重技术学习的教学内容体系，建立一个注重发展学生个性、重点培养学生综合实力、树立学生终身体育观的教学体系。在课程内容排布上，适当增加户外运动理论知识学习的课时，牢固掌握户外运动理论知识也有助于户外运动技术课程的学习，要根据学生的特点合理安排教学内容，做到理论指导实践，与实践相结合的教学内容分配。

（三）联手景区建设校外教学基地

各开课高校可以联手周边景区建设户外运动课程的校外教学基地，利用景区的优势资源，既可以保障教学活动的安全性，又可以保证校外实践教学活动的质量。通过"高校＋景区"的联手，为合作景区进行有效宣传，同时也为学生户外运动方向的实习与就业提供了一定的渠道，达到合作共赢的局面。

第三节 户外运动项目的教育价值

一、户外运动项目的身心健康价值

（一）户外运动项目的身体健康价值

古人云："动则无疾。"这说明，人只要保持运动锻炼，就可以有效预防和减少疾病。根据户外运动的定义，其作为体育运动的组成部分，具有的健身价值是显而易见的。目前国内开展得比较广泛的是山地户外运动，像登山等运动能够有效促进人体的新陈代谢，提高机体的抗病能力，同时，户外运动要求人在野外大自然中进行长时间高强度运动，反复进行攀爬、跳跃等工作，所以能够充分提高人体的各项身体素质。

1. 户外运动与心肺功能

在影响人体健康的众多因素中，心肺功能是其中之一。心肺能力对于人体来说非常重要，它影响着人的生命活动能力。事实证明，经常参与户外运动锻炼，可以有效改善人体的心肺功能，促进健康。

大量的研究与实践表明，长期坚持参加户外运动锻炼，可使心脏的重量和体积增大。一般情况下，人的心脏重量约300克左右，而户外运动爱好者的心脏可达400~500克。运动性心脏肥大是运动员心脏的主要形态改变特征，通常情况下以左心室肥大为主。肥大的程度与参与的运动项目、运动强度和运动持续时间有关。通常情况下，经常参加户外运动的人或高水平运动员的心脏肥大概率比一般人要多。

另外，经常参加户外运动训练，还能对人体心脏微观结构产生重要的影响。运动性心肌肥厚主要表现在心肌细胞的肥大和间质成分的改变。心肌细胞结构改变主要表现在心肌纤维增粗、肌节变长、线粒体致密、线粒体体积增大等。从分子水平来看，肌球蛋白增加，肌红蛋白增多，ATP酶活性提高；间质成分的改变主要表现在心肌毛细血管增多，出现大量吻合，管腔表面积增加。适宜运动使心肌胶原纤维适度增加，对心肌细胞起支持、连接作用，并维持心肌正常舒/缩功能。大强度运动训练可引起心肌细胞凋亡，心肌胶原纤维显著增加。过度训练可导致心肌结构与功能受损。

在众多户外运动中，定向越野、户外生存、山地自行车等需要运动者具有非常好的体能，而体能主要取决于心脏的机能水平和对高强度运动的适应能力。例如，登山这样长途跋涉的项目会在长时间内消耗大量体能，心脏为适应这种高强度、长时间的供能需要，就会增加心肌的代谢，提高收缩压，增加耗氧量，从而对心肌血流量的增加产生刺激，使心肌更有张力，收缩有力。

2. 户外运动与弹跳能力

户外运动有很多弹跳运动，运动者有时候跃过小土崖、大石头等障碍物，或跨过小溪、水沟时都需要进行跳跃。但大部分运动者通常是随随便便地跨过去，这种不规范的动作很容易导致受伤。对于户外运动参与者来说，要采取正确、科学的跳跃姿势以减轻或避免身体伤害。因为在荒郊野地中不熟悉当地地形，所以行走和跑步的速度不能太快，这就对踝关节的爆发力提出比较高的要求。所以户外运动的运动员会常常主动训练自己的弹跳力，从而提高自己在这方面的能力。

3. 户外运动与力量

力量是肌肉紧张或收缩时体现出的一种能力。在户外运动中，力量素质是最重要的身体素质之一，也是发展其他各项素质的基础。参与户外运动要有良好的速度力量、爆发力和力量耐力，手臂和下肢要有出众的力量。另外，像攀岩等运动要求参与者的小肌肉群也要有出众的力量，因为攀岩等运动在保持平衡时需要小肌肉群来协调身体，使身体在平衡状态下迅速到达制高点。长期参与户外运动，能够提高人体的力量素质。

4. 户外运动与柔韧性

柔韧素质是人体在运动状态下关节的伸展幅度或活动范围的能力。对于户外运动参与者来说，柔韧素质至关重要。柔韧素质越好，在动作中身体就越协调。在户外运动中，准备活动时必须锻炼身体的柔韧性，这对预防运动损伤具有重要意义。另外，适当的拉伸练习也很有必要，可以缓解肌肉疲劳，促进身体恢复。

为了更好地在户外运动中表现出优异的柔韧素质，运动者需要在平时的运动训练中进行一些柔韧素质练习，比如可采用动力性和静力性拉伸练习方法。这种练习要特别注意遵循循序渐进的原则，在练习初期不要过快过猛，以防运动损伤或其他事故的发生。在逐步适应练习强度后再逐渐增加难度，比如把动力性和静力性练习结合起来，把主动练习和被动练习结合起来，可取到更好的效果。

5. 户外运动与灵敏性

灵敏性是人体迅速改变身体或身体某一部位运动方向的能力。在户外运动中能够充分提高灵敏素质，运动者在户外面对复杂多变的自然环境，要迅速作出准确的判断，要求有灵活应变、快速敏捷的反应速度，高度的自我调整能力以及迅速应变的能力。优秀的灵敏素质可以帮助运动者战胜大自然，挑战自我，防止意外伤害事故的发生。

（二）户外运动项目的心理健康价值

1. 户外运动有健心作用

心理学家对多名曾经在野外遇险又成功得救的人进行调查，发现人在野外遇到困难时，最大的困难不是技术，而是心理。在问卷调查结果中，野外遇险时最大的麻烦依次为：恐惧和焦虑、烦躁和孤独、受伤和疾病、饥渴和劳累、严寒和酷暑。也就是说，心理问题是参与户外运动必须要面对的一个问题，很多国家在训练特种人员时都将心理训练放在首位。

不仅仅是户外运动锻炼，在日常生活中，心理因素对人的行为也具有显而易见的影响。因此，现代健康的衡量标准早已经不再是单纯的机体没有任何疾病了，心理健康正受到大众的普遍关注。

在日常生活中，有很多诸如此类的案例：一些具有丰富知识、经验的人，往往不能发挥出自己的真实才能，没有做好自己本可以完成的工作；很多身体强壮、运动天赋好的运动员，在比赛时发挥不出自己的训练水平和真实能力，甚至在关键时刻出现低级失误。造成这一切的原因皆为心理素质较差，导致临场表现不稳定。

提高心理素质的方法有很多，如心理咨询、心理门诊、心理治疗等，这些是当今提高心理素质的主要手段，可以通过相关的辅导和治疗来治愈内心的症结。但户外运动等一系列体育活动也可以改善人体的心理素质，通过运动与竞争，能够使人的心理更加强大，体育锻炼已成为提高心理素质的有效方法，这已经得到了越来越多人的认可。

2. 户外运动能够缓解精神压力

随着国家的经济发展，城市化是社会发展的必然趋势。随着我国城市化进程的持续深入，相应地也带来了种种问题，面临着严峻的挑战。城市化的生活虽然提高了人们的物质水平，但也增加了人与人之间的距离。随着社会经济的发展，社会竞争不断加速，各种压力和情绪紧张接踵而至，从而引发现代人的心理健康问题。在城市中，人口、交通、住房等带来的压力，使现代人出现抑郁、焦虑等不良心理状态，产生酗酒、吸毒等不良行为。紧张的工作，狭窄的生存环境，快速的工作节奏，给城市居民带来巨大的精神负担。随之而来的是多疑和暴躁等变态的心理问题和精神疾病，使社会增加了不安定因素，犯罪持续增多。

事实证明，参加户外运动是一种独特的缓解精神压力的方式。远离城市的喧嚣，抛弃都市的生活，来到艰苦的荒郊野外探险，可以让现代人理解"幸福"的不同含义，更加珍惜来之不易的生活，更珍爱生命。定向越野、攀岩、登山等户外运动磨炼了参与者的毅力，增强了面对困难的决心和勇气，使人敢于挑战自我，超越自我。经历了户外运动的考验，使人保持更加平和的心态，用更好的面貌投入到生活、工作和学习中。

3. 户外运动能够发展心智

对于个体来说，正常的心智能力是准确感受世界、认识世界的前提，是心理健康的基础。长期参与体育锻炼，不仅使运动者的思维更加活跃，进一步改善和提高注意力、记忆力、想象力等心智能力，还能够使运动者保持情绪稳定，性格更加开朗。

户外运动对人体的心智发展有着间接影响，具有积极意义。经常参与户外运动，如定向越野、登山等项目，不仅能够提高参与者的注意力、记忆力、思维能力及反应能力，而且还能促进个人情感和性格向健康方面发展。户外运动对人体的心智发展具有极大的推动作用。

科学研究表明：人从事智力活动时，如果在学习过程中伴随着思维活跃的兴奋、激动以及发展真理后的惊讶和激动，从而产生愉快的心理体验时，那么这种健康的情感就能强化心智活动，促进心智发展；人在学习过程中，如果具有强烈的求知欲和对新事物的探索精神，以及在学习上有融会贯通的能力，那么这个学习过程就是令人兴奋的、愉悦的和卓有成效的。这种愉悦、健康的学习体验可以增强人的智力活动，促进人的智力发展。

积极参加户外运动对提高心肺功能发展具有积极作用。在户外运动中，大脑获得更多的氧气和养分，有利于大脑工作效率的提高。此外，经常参加户外运动还可以使神经系统的调节能力得到提高，能够提高神经兴奋性和神经传导速度，使神经运作过程更加灵活和均衡，使兴奋与抑制转换更加合理。通过户外运动，使中枢神经系统内信息传递和整合的速度持续加快，从而使人思维敏捷，提高心智发展。

长期进行户外运动，参与者的智力会得到一定的提高。人的智力依赖于大脑和中枢神经系统的机能。良好的体质，尤其是良好的神经系统，是提高智力水平的物质基础。户外运动，顾名思义，要在户外进行，通常在充足氧气的自然环境下进行，这能确保大脑得到足够的能源供应。像定向越野这样的户外运动项目需要人动脑子，伴随着相当复杂的智力活动，在运动过程中给大脑和神经系统提供各种刺激信息，不断对大脑细胞进行刺激，使大脑神经细胞得到发育。大脑神经细胞的分支和突起增多，有利于提高脑皮层活动的强度、协调性和灵活性，可以培养敏锐的感知能力、注意力和记忆力。

4. 户外运动能够抵御心理障碍

研究证明，长期进行中、小强度运动锻炼可以缓解精神压力。长期进行运动锻炼没有其他心理上的副作用，不会使抑郁症状加重，能够有效抵御心理障碍，是一种安全的治疗手段。参与户外运动，可使神经运作过程的兴奋和抑制较为平衡，中枢神经系统的协调能力得到增强，从而有效预防各种神经性疾病，有效缓解因用脑过度而导致的各种疲劳，有效消除人体的紧张情绪，使人体精力更加充沛，能够承受更大的刺激和精神压力。

健康是多元的，人不仅要有健康的身体，同时也要有健康的心理，二者皆为健康的标准与要求。如果人整体充满着负能量，被忧伤、急躁、愤怒和紧张等负面情绪所笼罩，就会对个人情感、举止和思维产生负面影响。这些不健康的心理也会影响到人的社交。实践证明，长期进行户外锻炼，能够明显降低抑郁症的发生，能够不断提高参与者的情感体验，使参与者改善个人情绪，消除心理障碍，提高社交能力，同时还能提高思维的合理性，促进良好心理品质的形成。

二、户外运动项目的思想道德教育价值

（一）户外运动思想道德教育的含义

户外运动自身具有思想道德教育的内涵。首先，道德以自由为前提，自由是自律的必要条件，人如果感到自由选择的机会被完全剥夺，那么其不必为自己的行为担起责任。运动的自主性与自由度给人提供抉择的机会，有助于形成自律的特质。在运动中肢体伸展从最初的自由散漫到逐渐规范，最后发展为自律阶段，不仅与道德发展过程相呼应，也能以规范意识来培养行为的自尊自重。其次，通过户外运动，能够使身心协调发展，培养坚强的运动意志，使人在逐步克服身体和心理障碍与不断超越自我的历程中，使身心逐渐发展至和谐的境界，形成良善的人际网络。就此而言，户外运动本身就蕴含着丰富的德育含义。

（二）户外运动的思想道德教育价值凸显

1. 形成了非物化的体育道德教育

教育的真谛是育人，而不是把人当成一种东西看。如果教育者将教育对象当成一种物品，那么就无法形成教学互动，就体现不出道德教育的思想。教育者将教育对象看作不会思考的个体，那么受教育者就无法体现人类自由的特质，因为思考是人类的本质特质。在户外运动活动中，往往是团队小组行动，小组成员彼此分工合作，相互激励，在团结和谐的气氛下通过交流与沟通，使整个团队达成共识，找到合理的解决策略，完成各项目标与任务。

在户外运动的锻炼过程中，已包含了建构主义所推崇的合作学习、主动经验与社会互动等基本内涵，同时也尊重了每个人的自由意志，让参与者自己做决定。由于团队小组活动中，每个人在团队中都有自我价值，逐渐在人际互动关系中建构出新的面貌，形成相互信赖的关系，摆脱个人能力上的高低，使所有参与者都能为整个团队作出贡献，形成了一定的工作取向。

人类作为社会化的动物，以群体的形式进行相互协作，才能得到更多的经验，形成更多的能力，而这种特征在道德教育中反映得非常明显。在户外运动的过程中，在确保每个成员自由的前提下，成员间通过积极对话来消除隔阂，彼此间产生认同与支持，获得成就感，从领导行为、团队凝聚力、个体的认同感，到团队

创立的环境氛围，逐步征服自然并走向成功，这种道德气氛培养了参与者的自主道德意识与道德行为，进而避免了道德教育的"非自由化"，在参与户外运动过程中会展现较多的社会化行为。

2. 实践了非教条化的体育道德教育

从宏观角度看，户外运动是一种正式的社会系统。从微观来看，户外运动则是一种面对面的社会互动，正是建立在自由的基础上，才能体现出彼此的相互尊重。在户外运动中，每个参与者承担不同的角色，有着不同的地位，但大家都在一个团队之中，只是任务分工不同。在运动教育模式的道德教育中，打破了"集权式"的运动安排，避免了那些"形式化""教条化""口号化"的道德教育。相较于其他运动，户外运动更能体现出参与者的社会行为，更能提高其社会行为能力。对于户外活动的指导教师来说，必须找出合适的方法让每一个参与者以互帮互助、团队参与等方式来增强或引发其参与感，使所有人养成社会生活的必备能力。此外，指导教师可通过竞赛、探索、发现、角色实验以及解决问题与统一性任务活动，来提高参与者的自我能力，这种非教条化的道德教育能够体现参与者的自由意志，并让参与者在户外运动中充分联系生活，获得健康的生活习惯。

因此，在采取运动教育模式前，教师必须先了解户外运动的相关认知与技能，巧妙运用个人的人格魅力与管理技巧落实户外运动活动的计划安排，使参与者根据自身基础，通过亲身参与来探寻人生感悟与目标，获取成功经验。真正的道德是主体进行自我抉择的产物，而完整的道德行为不仅服从社会中认可的特定习俗和规范，更是在面对不同规范和行为时所作出的选择和创造性行为，任何有效的道德教育都要进行持续的"训练"。

3. 创设了自由氛围的体育道德教育情境

教育是一种有价值、有意义的活动，以人为核心。在教育活动中，应该营造出自由的教学环境。自由，意味着人可以自由自在地进行选择。在道德教育的实践过程中，教育者应创造出自由的道德教育情境，让受教育者拥有自由选择的权利。自由是道德教育的要素之一，也是追求人性完善的必备条件之一，回归道德教育的本质是追求人性完善的过程。

在运动教育模式之中，以团队形式进行教育，其课程内容具有多元化的特点，在户外活动的参与过程中可以自由选择，积极参与。教育者的职责是让受教育者在优质的环境中享受到户外运动的乐趣，培养积极的社会行为，使团队中每个参与者没有仇恨和敌视，营造和平温馨的团体气氛。指导教师能够给参与者更多的自由空间，使他们成为真实的参与者。

运动教育模式以体育运动为方法，倡导追求更高层次的乐趣，同时让参与者在运动过程中获得满足感。因为户外运动中的教育价值具有自主性、自发性、表现性和日常生活区别性等特性，这种融洽的氛围不仅可以提高参与者的情绪，还能帮助他们形成积极的学习习惯与运动态度，强化道德推理水平。

4. 体现了运动道德的内涵

运动道德包括同理心、公平竞争、运动员精神、合作精神这四项要素。对每个人来说，只有将事情对与错的道德原则内化后，才能期许在某些方面表现出更好的一面。从参加登山等户外活动中可以看出，那些体能较差的参与者总是被排除在活动之外，而此时教育者应尽量让这些体能较差的参与者也参与到登山运动中来，并且让体能好的参与者带领体能差的参与者前进。另外，在一些具有严格规则的户外运动中，如定向越野，可以让参与者承担裁判的角色，这样做除了让他们了解竞赛规则，还可以让其学会换角度思考，以使同理心得到发展。

运动教育模式的实施是在正式的规划下，让参与者提高学习专注力，提高团队向心力，通过团体的沟通、交流与抉择，道德难题可以引发参与者的思考，比如那些不违反规则，但做法有违体育道德的行为，如竞争对手受伤，是否继续比赛趁机扩大领先优势；是否服用禁药进行比赛等。让受教育者从道德问题及争议中看出问题的关键，进行道德判断，从而形成公平竞争的道德观念。运动教育模式体现着合作学习，共同进步的精神，以异质分组的方式，采用团队沟通、互动、协调的方式进行合理分配，将集体荣誉作为最终奋斗目标。此外，以团队小组方式展开合作学习，鼓励各成员执行各自任务，启发自我概念的形成，形成不同技能水平间的合作经验，这有利于培养学生的协作精神，提高团队凝聚力。

第二章 户外运动项目教育科学理论基础

户外运动项目大多是在大自然环境中进行的，对人的体能素质要求较高，同时也存在着较大的安全风险。因此，学习和掌握有关的科学理论是非常必要的。本章内容为户外运动项目教育科学理论基础，阐述了运动生理学基础、运动心理学基础、运动学基础。

第一节 运动生理学基础

由于户外运动项目对人的体能素质要求较高，因此在参加训练之前一定要做好充分的身体准备。人们在进行身体素质训练之前一定要掌握科学的生理学基础，了解影响身体素质训练的各项因素及基本原理，从而保证运动训练的科学性和有效性。

一、运动生理学的基本规律

（一）代谢原理

人体的存在与发展离不开新陈代谢，一旦离开了新陈代谢，人的生命活动便无法进行，更不用谈运动训练了。由此可见，人体新陈代谢的作用和意义非常重大。运动者在参加户外运动项目的过程中，需要遵循一定的人体代谢原理，其中物质代谢与能量代谢是最为重要的两个方面。在运动训练过程中，运动机体承受负荷需要消耗大量的能量，要想保证运动训练的顺利进行就必须要进行能量的补充。和人体安静时的状态相比，运动过程中，人体内的物质代谢和能量代谢会比平时更加强烈，这时自然会消耗大量的能量。从事有效的运动训练能够提高人体组织细胞内酶系统的适应性和酶的活性，从而促进人体的物质代谢过程和能量代谢过程，使能量和物质的恢复更加充分，进而达到比锻炼前更高的水平。另外，在进行运动训练时，能量的供应也是运动机体得以运行的重要保证。

在人体生长的不同阶段，物质代谢和能量代谢分别起着至关重要的作用。在青少年时期，同化作用占优势，人体内物质合成的速度远大于物质分解的速度，这使人体不断地生长发育；随着年龄的不断增长，成年时期，同化作用与异化作用基本上处于一个平衡状态，新陈代谢非常旺盛，机体充满活力；发展到老年时期，异化作用占优势，身体机能逐渐呈下降趋势，身体素质也随之降低。通过对不同年龄阶段人体机能发展规律和特点的了解与掌握，能帮助我们科学地控制运动训练过程，采用合理的手段与方法进行运动训练，从而提高运动训练的效果。

（二）应激原理

应激是指人体对外部强负荷刺激的一种生理和心理的综合反应。当人体受到外界一定的刺激时，就会产生紧张的情绪，这种心理状态称为应激。运动员在参加运动训练的过程中，要想不断提高运动水平，就必须合理安排运动负荷，并采取各种手段打破机体对原有负荷的平衡状态，在机体适应后再提高运动负荷，长此以往就会获得"超量负荷"效果。而应激学说是超量负荷原理的生理基础。因此，在参加运动训练时，一定要了解和掌握这一原理，以指导自己的训练活动。

（三）超量恢复原理

人体在经过长时间的运动训练后，能量物质恢复不仅能回到原有水平，而且在达到安静水平后并没有停止，能够继续补充，在一段时间内的能量物质恢复可超过原来储备水平，比运动前的能量物质的储备量还要多，这种现象叫"超量恢复"。具体而言，运动时体内代谢过程加强，在运动中及运动停止后能量物质都在不断进行补充和恢复，只是运动中的能量消耗大于补充，恢复曲线呈下降趋势；运动后的体内能量消耗慢而小于补充，恢复曲线呈上升趋势（图2-1-1）。

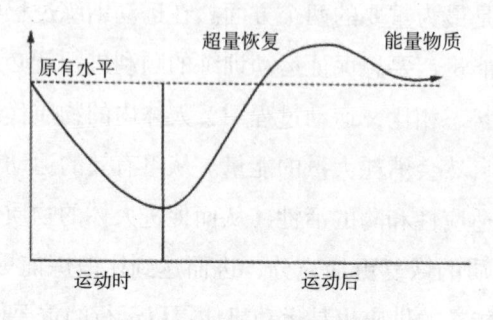

图2-1-1　能量消耗和恢复曲线

研究发现，超量恢复现象并不是在运动员恢复期时始终存在的，而是保持一段时间后又回到原有水平。运动员在参加运动训练的过程中，运动强度会对机体的能量消耗产生一定的影响，也会影响超量恢复的强弱。通常情况下，大运动强度才更有利于超量恢复效果的获得。

超量恢复是运动生理学的重要原理，学习和掌握这一原理有利于人们认清运动训练的实质，有利于运动员运动水平的提高。在户外运动与拓展训练中，运动者要结合自己的具体实际安排好负荷量，循序渐进地加大运动负荷，尽可能地促进超量恢复的出现，从而获得理想的训练效果。

在户外运动训练中，运动者要想实现超量恢复，获得理想的训练效果，需要注意以下几个方面的要求：

①一般情况下，运动量越大，人体内各器官和肌肉的功能动员得就越充分，消耗的能量物质就越多，超量恢复也就越显著。反之运动量较小，运动强度不高，就很难产生明显的超量恢复。

②在进行户外运动训练的过程中，运动者一定要掌握好间歇的时间。间歇时间要根据自己的身体情况而定，间歇要充分，否则会影响接下来的运动训练，甚至还会影响身心健康发展。

③要掌握好两次练习的间隔时间，通常情况下，可以通过测定心率的方法来确定间歇时间。如运动后的心率达到140~170次/分，可以等到心率恢复到100~120次/分时再继续进行训练。

④在户外运动训练中，运动量要适中，结合个人的特点和身体条件而定。如果运动量超过了人体正常承受的范围，整个恢复过程就会变得很长，也会导致过度疲劳，容易出现运动损伤；如果运动量过小，身体得不到有效的锻炼，就不利于超量恢复的出现，难以获得理想的训练效果。

（四）训练负荷原理

运动者身体素质和运动水平的提高都是在运动训练过程中不断承受和适应训练负荷来逐步实现的，因此，通过机体的不断适应来提高机体的运动能力和运动负荷的适应能力，就是运动训练负荷原理。

在户外运动训练中，遵循训练负荷原理应注意以下两点要求：

①运动者在参加运动训练的初期，为尽快进入运动状态，通常会增加负荷量，使机体的适应过程逐步实现。而在运动水平得到进一步提高，进入专项训练阶段后，主要以提高负荷强度刺激来加深运动员的机体适应过程。

②由于每一名运动者的身体素质和运动水平都是不同的，因此要根据每个人的具体情况确定合理的运动负荷，这样才能取得理想的训练效果。

（五）训练适应原理

在参加户外运动项目时，运动者要学习和了解运动训练的适应原理。运动训练适应主要是从生理学的角度来看的，运动训练适应过程主要包括以下几个阶段：

1. 刺激阶段

在户外运动训练初期，运动者身体会受到各方面的刺激，这一阶段就是刺激阶段，运动机体需要一定的刺激才能进行接下来的步骤。

2. 应答反应阶段

在这一阶段，运动者机体在运动负荷的刺激下，身体各系统都会产生一定的兴奋，并将兴奋传输到机体各个器官中，促使机体进入运动状态，以实现机体的应答反应。

3. 暂时适应阶段

进入应答反应阶段后，运动机体经过持续一段时间的刺激，身体机能会慢慢进入良好的工作状态，人体各项生理指标都呈现出稳定的状态，因而运动机体进入暂时适应阶段。

4. 长久适应阶段

在经过暂时适应阶段后，运动机体就会进入长久适应阶段。长久适应阶段是使各相应的机能系统和组织器官在各种外部刺激的基础上产生较为明显的身体结构和机能方面的改造。在这一阶段中，运动机体的各项功能会得到逐步完善。

5. 适应衰竭阶段

当运动者训练不当或受某种客观不利因素的影响时，运动者的身体机能就会出现一定的衰竭情况。这就是运动机体的适应衰竭阶段。

根据运动训练的适应原理，要想获得预期的训练效果，就必须按部就班地坚持长期训练。通过长期的训练，机体在形成训练适应后，反应就会越来越小，最终运动负荷不再引起机体能力的提高。为了使机体进一步发展，应增加运动负荷，使机体产生新的适应。机体的训练就是从不适应→适应→负荷增加后的不适应→再次适应……如此反复，才能逐步提高运动水平。这就是运动训练适应原理。运动员在参加户外运动训练时一定要了解和掌握这一原理，并能将其充分应用于训练实践中，从而保证运动训练的科学性和有效性。

（六）运动素质转移理论

运动者的一般运动素质与专项运动素质之间的关系非常密切，二者相互影响、相互促进。一般运动素质是专项运动素质的基础，专项素质的提高依赖于一般素质，而专项素质的提高反过来也能促进一般素质的发展。在各项运动素质中，受各种因素的影响，会发生一定的运动素质转移现象。运动素质的转移，主要是指某些素质的发展会引起其他素质的发展。为了能够取得理想的训练效果，运动训练者应熟练掌握运动素质转移的基本理论及内在规律。

运动者参加户外运动项目时需要各种身体素质的参与。如登山和攀岩需要运动者力量和速度的参与，需要运动者具备出色的爆发力；潜泳运动则需要运动员具备良好的力量素质和耐力素质，二者共同形成力量耐力。

运动者在参加运动训练的过程中会发生一定的运动素质转移，导致这一情况的主要因素包括有机体的整体性、动作结构的相似性以及能量供应来源的同一性。各项运动素质的转移及其关系的生理生化基础是决定运动素质转移的内在机制。

运动者在参加户外运动项目过程中，要注意运动素质的转移规律，遵循这些转移规律，促进不同身体素质之间的良性转移，从而促进运动者运动能力的提高。

二、运动训练的生理学机理

大量的研究与实践表明，运动过程中，身体练习对人体施加一定的生理负荷刺激，可使机体各器官系统在生理功能和形态结构方面产生一系列的连锁性运动条件反射。因此，运动技能是连锁性的运动条件反射，运动技能的获得需要经历复杂的过程。

运动的生理机理是以大脑皮质活动为基础的暂时性神经联系。因此，可以认为，人体掌握运动技能的生理本质就是人体建立运动条件反射的过程。

(一)运动技能的形成过程

在户外运动训练中,运动者学习和掌握运动技能需要经历一个系统的学习过程,这一过程主要包括泛化过程、分化过程、巩固过程和自动化过程四个阶段。

1. 泛化过程

泛化过程属于运动者学习技能的第一个阶段。在运动训练初期,新的练习引起的刺激,传入皮层各有关中枢。因分析功能尚不精确,表现为动作僵硬,不协调,出现多余的动作,能量消耗多而有效动作少,动作时机掌握不准确。

2. 分化过程

通过长期的学习和训练,运动员的运动技能会逐步地改进,大脑皮层运动区的兴奋、抑制过程在时空上的分化日趋完善。由此,泛化过程中的表现逐渐消失,初步形成运动动力定型。但由于稳定性不够,动作在新异或强烈刺激的干扰下易遭到破坏,会再次出现多余、不协调甚至错误的动作。

3. 巩固过程

运动训练期间,运动者坚持长期、系统、科学的技能训练,通过反复练习,使运动动力定型更趋巩固,动作更精确、更协调、更省力,动作细节也正确无误,某些环节还可在脱离意识控制下完成,即初步形成自动化。此时,即使在不利条件下,运动形成也不至于遭到破坏。

4. 自动化过程

运动者掌握的运动技能在经过不断地巩固和发展之后,其运用运动技巧的程度也会不断提高,这时就会出现一定的自动化现象,即练习某一套动作时,可以在脱离意识的情况下自动地完成。

需要注意的是,运动者技能学习的生理学本质为条件反射,但是其与动物的条件反射有着本质的区别,技能的学习包含着运动者的理性思维和思考。运动者肌肉的本体感受性冲动(传入冲动)在条件反射的过程中发挥了重要的作用,如果没有这种本体感受性冲动,就不能强化条件刺激,进而,由运动中枢发放神经冲动传至肌肉效应器官引起活动的复杂过程条件反射就不可能形成,也就不能够掌握运动的技能。

（二）运动技能的储存、再现与校正

运动者在经过长期的训练后会将已经学会的动作技能信息储存在大脑皮层的一般解释区和小脑。当需要作出相应的动作时，即大脑皮层有关部位需要该套程序发动运动时，首先自小脑中提取该套程序，然后复现该运动动作，此时完成的动作是已经程序化了的，因而十分协调精确。

运动者在学习运动技能的过程中，需要对肌肉的用力状况、用力时间、协调功能等不断进行改正。如做某一动作时，用力太大了需要减小，用力慢了需加快。这种从动作完成过程中的感觉或结果反过来再校正动作的过程，就是运动技能的校正，也就是运动生理学中的反馈原理。

对于一名专业的运动员而言，要想提高运动技能，就需要善于运用反馈原理。运用反馈原理收集并理解机体对技能动作学习的反馈，这对动作技能的发展和提高是非常有帮助的。

第二节 运动心理学基础

一、运动训练与动机原理

（一）动机的含义

动机对运动员参加运动训练而言具有非常重要的意义，它是推动一个人进行活动的重要心理原因或内部动力，能引起并维持人的各种活动，将该活动导向一定目标，以满足人的某种理想和愿望。因此可以说，动机是个体的内在过程，行为则是这种内在过程的结果。运动员在参加运动训练时一定要明确自己的训练动机，这样才能从意识上重视运动训练，提高运动训练的效率。

综合来看，动机主要有以下三个方面的作用：

第一，始发作用，即一定的动机可以引起个体的某种活动。

第二，指向或选择作用，即一定的动机可指引活动向某一目标进行或选择活动的方向。

第三，强化作用，即动机是维持、增加或制止某一活动的重要力量。

（二）动机的分类

一般来说，动机主要有以下几个类型：

1. 依据需要的性质划分

（1）生物性动机

即以生物性需要为基础的动机，如因饥饿、口渴而产生的动机。

（2）社会性动机

即以社会性需要为基础的动机，如希望提高自己人际关系的动机、希望获得某种成就的动机等。

2. 依据兴趣特点划分

（1）直接动机

即以直接兴趣为基础，指向活动过程本身的动机。对于一些运动员而言，他们参加某项运动，仅仅是对这项运动有着浓厚的兴趣，认为通过参加这项运动能满足自己的成就感，这种训练动机就属于直接动机。

（2）间接动机

即以间接兴趣为基础，指向活动结果的动机。有的运动员对运动本身不感兴趣，之所以参加运动训练，是因为实现某一目标所必须克服的困难，这种动机就属于间接动机。

3. 依据情感体验划分

（1）缺乏性动机

即以排除缺乏和破坏、避免威胁、逃避危险等需要为特征，主要包括生存和安全的一般目的。在这种动机的指引下，运动主体一旦实现了既定的目标，这种动机就会大大减弱。如有的运动员迫于成绩的压力刻苦训练，有的运动员为逃避训练而谎称有伤病等，这些都属于缺乏性动机。

（2）丰富性动机

即以经验享乐，获得满足、理解和发现，寻找新奇，有所成就和创造等欲望为特征的动机。丰富性动机与缺乏性动机完全相反，它往往趋向张力的增强而不是张力的缩减，渴望追求刺激，而不是逃避刺激。一旦运动主体的需要得到满足，动机往往会得到加强。因此，在丰富性动机下，人的欲望能得到极大的满足。如人们做某一件事情，都是渴望追求刺激，期望获得快感和满足感，而不是避免刺激。有的运动员之所以积极参加运动训练，是因为运动训练能使他们获得一定的满足感和成就感，这些动机就是所谓的丰富性动机。对运动者而言，在参加户外运动项目时要尽可能地建立这种丰富性动机。

4. 依据动机来源划分

（1）内部动机

一般情况下，内部动机主要是以生物性需要为基础，通过积极参加某种活动，展示自己的能力，实现自己的价值，从中能获得极大的满足感和成就感。这种动机对人具有强烈的激发作用，其行为动力主要来自主体内部的自我动员。例如，某一名运动者喜欢登山运动，即使失败了也会屡败屡战，去挑战自我的极限，这种内部动机的力量是巨大的。

（2）外部动机

外部动机是指来源于客观外部原因的动机。通常来说，外部动机以社会需要为基础，人通过某种活动获得相应的外部奖励或避免受到惩罚，以满足自己的社会性需要。在外部动机的驱使下，个体行为的动力主要来自外部的动员力量。例如，某运动员参加运动训练取得了一定的成绩并得到了大家的赞扬，同时也获得了一定的物质奖励，这种赞扬和奖励会给其带来一种较大的动机，促使其更加积极主动地参加运动训练。

（三）动机产生的基本条件

人们参加各种活动总会有一定的动机，动机产生的条件主要表现在内部与外部两个方面。

1. 内部条件

一般来说，引起动机的内部条件是人的某种"需要"。人的各种动机就是由需要构成的，如有的运动者出于兴趣和爱好而参加户外运动或拓展训练，而有的运动者则是出于生活或职业的需要而参加这项运动。

2. 外在条件

外在条件也是引起运动者动机的重要条件，其中"环境"是重要的外在条件之一。各种生物性和社会性因素都属于重要的外在条件，这一外在条件对运动者的动机具有重要的影响。如运动者若长期处于较差的舆论环境下，就会在一定程度上影响其运动训练的动机。

二、运动训练与应激机理

每一名运动者都是不同的，都存在着一定的差异，如身体素质、运动能力、社会适应能力等。以上这些方面都会使运动者在参加运动训练的过程中产生相应的应激反应。因此，科学控制这些应激反应，及时调整运动者的不良行为，对于提高运动训练质量具有重要的意义。

（一）应激的含义

应激是指个体对应激源或刺激作出的相应反应。一般情况下，根据个体对应激的不同认知，应激反应主要分为积极的应激反应和消极的应激反应两种。

例如，运动者在参加户外运动项目时，如果没有实现既定的目标，运动者就会感到沮丧，出现不良的应激反应；如果实现了预期的目标则会情绪激动，出现良好的应激反应。

（二）运动训练与应激控制

大量的研究与实践表明，除了改变人们对事物的认识观念控制应激外，有规律的、低中等强度的运动训练也能有效抑制消极应激反应。

1. 适度运动训练与积极应激

应激能在一定程度上引起人体的本能反应。当产生应激时，人体内血液中儿茶酚胺水平升高，动员的能量就会得以释放。可以说，释放能量就成为人们对抗应激的一种重要手段。参加户外运动和拓展训练，人们既可以锻炼肌肉，又可以有效提高心肺能力，对于缓解不良情绪、改善心态也具有非常重要的作用。

2. 过度运动训练与心理耗竭

心理耗竭是在人的紧张情绪和精神压力下形成的一种心理现象。心理耗竭对人的心理健康十分不利。总的来看，心理耗竭的生理症状主要有安静时心率增加、肌肉疲劳、失眠等。在这样的状态下，运动员会非常反感和排斥参加运动训练。

因此，运动者在参加户外运动项目时，一定要结合自身的特点和具体情况合理选择运动负荷，保持身心平衡，以免因强大的训练压力而发生心理耗竭现象。

三、运动训练中的心理阶段

通常情况下，运动者运动训练的心理过程分为以下三个阶段：

（一）认识过程阶段

认识过程是指人在认识客观事物的活动中表现出来的各种心理现象，包括感知觉、思维等过程。

1. 感知觉

（1）感觉

感觉是在事物的直接影响下，大脑对于事物个别属性的反映。例如，听声、看色等都属于感觉。

（2）知觉

知觉是在事物的直接影响下，大脑对事物整体的反映。例如，当运动员在参加登山运动时，陡峭的山峰会对运动者形成一定的冲击，这就属于知觉过程。

虽然感觉和知觉具有一定的差异，但它们都同属于认识的开端和起点。运动员要想更好地参加户外运动和拓展训练，首先就要具备良好的感知觉能力，这样才能在运动中感知动作和各个动作之间的微小区别，及时发现错误动作并加以纠正，从而提升运动训练的质量。

2. 思维

思维是人脑对事物本质及规律性的认识活动，属于一种非常复杂的头脑加工过程。如运动者在参加户外运动项目时，他能很快地学会某一运动技能，但要想进一步巩固和提高这一运动技能则需要通过思维掌握这种运动技能的本质和规律，然后加以坚持不懈的训练。而在参加某项比赛活动时，运动员则必须要具备敏捷的思维能力，这样才能做到随机应变，及时有效地处理紧急情况。

（二）情感过程阶段

情感是人对客观事物是否符合自己的需要而产生的一种心理体验。一般来说，情感主要包括积极的情感和消极的情感两个方面。不论是对于一般的运动爱好者还是专业运动员，都要尽可能地建立积极的情感，这样才有利于以饱满的精神投入到运动之中。

运动者在参加训练或比赛的过程中，有时会成功，有时也会失败，成功与失败经常转换，当出现这两种情况时，运动者的感情就会发生激烈的变化。一般情况下，积极的情感会使运动员力量倍增，消极的情感则会使运动员消极乏力。因此，作为一名运动者一定要注意积极情感的培养。

经常参加户外运动项目能帮助运动者充分体验到运动以及竞赛中情感的特点，从而学会控制和调节自己的情感，并将这种能力充分应用于日常生活和工作之中，这对人的身心发展是非常有利的。

（三）意志过程阶段

意志是指人们为了实现预期的目标而支配自己的行为，并在运动时自觉克服困难和挫折从而实现任务和目标的心理过程。在强烈的意志推动下，人们往往能做出异于平时的举动，运动员往往能超常发挥，取得优异的比赛成绩。

户外运动中的大部分项目对人的体能素质要求都较高，长时间参加这些运动能极大地消耗人体的生理能量，同时运动者参加这些活动还必须要具备高度集中的注意力和敏捷的思维，这在运动期间会消耗运动者大量的心理能量。因此，没有一个坚定的意志品质是难以完成这项运动的，运动者必须要将培养和提高自己的意志品质作为平时训练的重要内容。

四、影响户外运动项目的心理因素

（一）运动知觉

运动知觉是指人脑对外界事物和人体自身运动状态的一种反应。其中，速度感觉、肌肉感觉、用力感觉等都是非常有用的运动知觉。不论人们参加何种类型的运动，运动知觉都是必不可少的。总的来说，精确的运动知觉在运动者参加户外运动和拓展训练中发挥着非常重要的作用，其可以确保运动员各种动作的准确性，保障运动安全。

（二）心理定向

心理定向是指动作开始以前以及完成动作过程中心理的准备状态和注意的指向性。心理定向对运动员掌握和提高运动技术具有非常重要的帮助。良好的心理定向能帮助运动员及时调整心理状态，有利于帮助运动员准确合理地完成技术动作，从而完成训练任务。

运动者在参加户外运动和拓展训练的过程中，不同的运动方法会引导其形成不同的心理定向，进而会对运动员的动作风格产生至关重要的影响。

（三）情绪

情感是人体对客观事物是否能够满足自己的需要而产生的体验。情绪是情感体验过程的具体形式。

大量的研究与实践表明，情绪对于运动技术动作的掌握具有非常重要的作用。一般来说，良好的情绪能使人体运动能力进一步提高，而不良的情绪则会产生显而易见的"减力"作用，具体表现为精神不振、无精打采、心灰意冷、注意力不集中等。

因此，情绪对运动者参与户外运动训练会产生很大的影响。如果运动者在情绪不稳定的情况下进行户外运动训练，就不能很好地控制自己，则其很难掌握好动作。而如果情绪稳定，在良好的心理状态下参加运动训练则有利于取得理想的训练效果。

（四）注意力

注意力是心理活动对一定对象的选择性指向和集中，是一种心理状态。人们在参加任何活动的过程中都需要保持高度集中的注意力，这样才有利于取得预期的目标。

相关研究与实践表明，经常参加户外运动或拓展训练，人的大脑会最快进入最佳学习状态，在增强身体素质的同时，还能促进人体细胞之间的联系。大脑细胞之间的联系越紧密，运动接受新知识的速度也就越快。因此，集中注意力对于运动者参加户外运动和拓展训练具有非常重要的意义。

（五）意志

意志是人为了实现既定目标而支配自己的行动，并且在行动时自觉克服困难的一个心理过程。人们在参加各项活动的过程中，意志与行动是统一在一起的，相互发生作用。

经常参加户外运动不仅能增强人们的体质，还能培养人们顽强的意志品质。人们所具有的坚强意志品质对其掌握运动技能，增强身体素质等都有着很好的促进作用。

具体而言，意志对人们参加户外运动和拓展训练具有以下重要的作用：

对于初次参加登山、攀岩等户外运动的人而言，难免会有一定的紧张，在这样的情况下，借助强大的意志，运动者能够满足完成动作的需要。

在平时的户外运动训练中，运动者需要高度集中注意力，克服各种困难，完成训练任务。

长时间的户外运动训练容易导致运动疲劳，甚至是运动损伤，而意志坚强者则相对更容易克服因损伤而产生的消极情绪，投入到正常的运动训练之中。

一些户外运动项目，动作强度大、危险性高，运动者通常会产生一定的畏惧心理，而坚定的意志则有助于人们克服这种畏惧心理，促使人们正常地参与到训练中。

第三节 运动学基础

人们参加户外运动项目需要理解和掌握一定的运动学理论，这能为人们科学参与户外运动提供重要的帮助。

一、人体运动的基本内容

在对人体运动进行讨论时，经常将其分为质点运动和刚体运动两方面来开展研究，如图 2-3-1 所示。

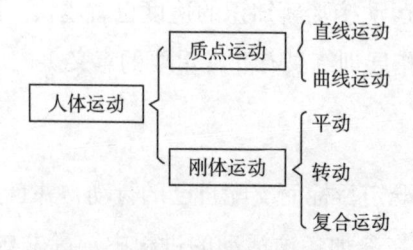

人体运动
- 质点运动
  - 直线运动
  - 曲线运动
- 刚体运动
  - 平动
  - 转动
  - 复合运动

图 2-3-1 人体运动的基本形式

（一）直线运动和曲线运动

1. 直线运动

直线运动即为人体或器械始终处在一条直线上的运动，即质点运动的轨迹是一条直线。一般情况下，人体运动中很少存在着纯粹的直线运动，只有近似的直线运动。一般将直线运动分为变速直线运动和匀速直线运动两种。在登山等户外运动中这两种形式都普遍存在。

2. 曲线运动

人们在参加运动的过程中，如果将人或器械作为质点，则其运动的轨迹对选定的坐标系来说是一条曲线，这种运动被称为曲线运动。在曲线运动中，当速度的大小、方向、加速度发生变化时，需要强调其各物理量的矢量性。曲线运动较多，如足球的飞行轨迹、人体起跳腾空后在空中的轨迹等。

在曲线运动中，圆周运动是较为简单的一种特殊形式，还包括螺旋曲线运动和斜抛物体运动等。

（二）平动、转动和复合运动

1. 平动

如果在运动过程中，刚体上任意两点的连线保持平行，而且长度不变，那么这种运动就是平动。例如，轮滑运动中姿势维持阶段。刚体平动时，可视为质点运动，分为曲线平动和直线平动。

2. 转动

转动是指物体绕着一个固定点或固定转轴做旋转运动，如髋关节和肩关节的旋内、旋外等。例如，人们在参加户外运动和拓展训练中，各种走、跑、跳等动作都是各环节绕关节轴转动而实现的。因此，人体各关节的转动是人体运动的重要基础。

3. 复合运动

复合运动是相对较为复杂的运动，不是单纯的平动或转动，包括身体重心的平动以及肢体其他部位绕重心的转动。

二、人体运动中力的形式

力是物体间的相互作用，当力作用于物体时，会产生一定的效应。通过施加力，物体会发生一定的加速度、形变等各方面的变化。根据力学理论，可以将力分为力的大小、力的方向以及力的作用点三个方面。

（1）力的大小

在运动员参加运动的过程中，作用于物体的力的大小不同，则会产生不同的效果。在很多运动项目中，人体力量的大小以及作用在器械上的力的大小能在很大程度上影响运动的效果。

（2）力的方向

力是具有方向性的矢量，在对其进行研究时，可将力的方向用箭头表示，箭头所指的方向即为力的方向。大多数时候，物体运动是多力共同作用的结果，力的合成与分解应遵守平行四边形法则。

（3）力的作用点

同样的力作用在不同作用点上，产生的效应也明显不同，如在踢足球时，力作用在球的不同位置，可能使球发生不同的旋转，甚至改变球的方向。

（一）内力

人体各部分之间的相互作用力被称为内力。一般来说，人体的内力主要包括肌力、韧带张力、骨应力等几个部分。这些内力中，肌力是人体的主动力，并且是可控制的。在内力的作用下，人体各个部位实现运动。

（二）外力

人体是一个力学系统，外界作用于人体的力即外力。人体在运动时，受到的外力是多种多样的，主要包括重力、摩擦力、空气阻力、弹性力等。

（1）重力

重力即地球对物体的引力。在地球上的物体都会受到重力的影响，其与物体的质量具有重要的关系。物体受到的重力与物体的质量呈正比。物体所受重力的方向与重力加速度的方向一致，垂直于水平面指向地心。物理学认为，重力是一个质量力，它均匀地分布作用在物体的质量上。重力是地球对物体的吸引力的大小，同一物体在不同的维度或高度上，所受的重力会有略微差异。

（2）摩擦力

物体在进行运动时，其与接触的物体之间发生的阻碍相对运动和运动趋势的相互作用力即摩擦力。通常来说，可将摩擦力分为静摩擦力和滑动摩擦力两种形式。

（3）弹性力

弹性力即当物体发生形变时，要恢复原来的形状而作用于与它相接触的物体上的力。弹性力发生在相互接触的物体之间，并且物体发生了形变。在登山、攀岩等户外运动中，运动员的弹性力就得到了充分的展现。

三、户外运动训练与人体运动系统的关系

（一）户外运动训练与人体肌肉的关系

一般情况下，人体的肌肉主要分为骨骼肌、平滑肌和心肌三种类型。其中，骨骼肌主要受运动神经的支配，而心肌与平滑肌则主要受植物神经的支配。这三种肌肉类型对人体运动都具有非常重要的作用。

1. 肌肉的基本结构与类型

（1）肌肉的基本结构

肌肉在人体运动系统中占据着非常重要的地位，它是人体运动的重要动力源泉。如图 2-3-2 所示，人体的整块肌肉实质上由无数形状为细长状的肌细胞组成，肌细胞也被称作为"肌纤维"。肌纤维外层均由一层结缔组织构成的超薄薄膜包裹，称为"肌内膜"。数条肌纤维靠拢凑近，构成肌束，肌束表面也有肌束膜包裹。无数的肌束最终组成从外表看到的一块块肌肉的形象，肌肉外面仍旧有结缔组织膜，称为"肌外膜"。

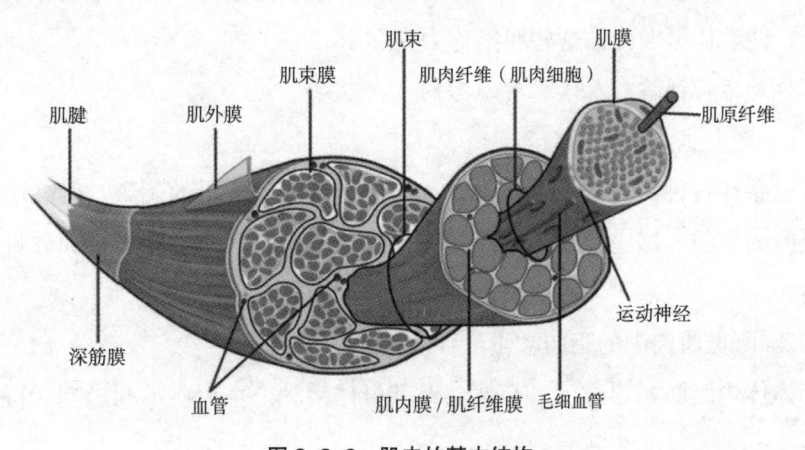

图 2-3-2　肌肉的基本结构

（2）肌肉的类型

①原动肌。原动肌是指机体直接完成动作的肌群。一般来说，原动肌可分为两种，即主动肌和次动肌。主动肌是指在完成动作的过程中起主要作用的原动肌，如"弯举"动作中的肱肌与肱二头肌；次动肌是指帮助完成动作或在动作某个阶段收缩的次要的原动肌，如"弯举"动作中的肱挠肌、旋前圆肌等。在做持哑铃双臂弯举的动作时，肱肌、肱二头肌、肱挠肌和旋前圆肌等是整个动作的原动肌。

②对抗肌。对抗肌是指在动作中与原动肌作用相反的肌群，如在"弯举"动作中，肱三头肌是肱二肌的对抗肌。对抗肌既可以对原动肌的动作起到很好的阻抗作用，同时也可以对原动肌的工作起到较好的协调作用。例如，在完成动作的结束阶段，对抗肌收缩紧张，以此来缩小关节活动的范围，并延缓运动的速度，从而避免关节周围发生软组织损伤。

③固定肌。固定肌是指固定原动肌一端附着点所在骨的肌肉。固定肌使主动肌的拉力方向朝着它们的固定点，其作用是使肌肉的拉力方向保持一定。其中，固定肌的运动主要有两种具体情况。

第一，作用相反的两群肌肉共同作用，其目的是保持人体关节的稳安。

第二，肌肉与某些外力共同作用，促使人体做出各种动作。

④中和肌。一般情况下，机体中和肌的工作具体有以下两种情况：

第一，有时两块原动肌有一个共同的作用，但其第二个作用是互相对抗的。

第二，当原动肌发挥多种功能时，别的一些肌肉参与工作，抵消原动肌的一些功能，使动作更准确，这些肌肉称为中和肌。

2. 户外运动训练对人体肌肉的影响

（1）增大肌肉体积

通过参加各种形式的户外运动，人体肌肉能产生大量的刺激，能够增大锻炼部位肌肉的体积，这主要是由于肌肉在锻炼过程中，其肌纤维增粗和数目增多而造成的。

（2）降低肌肉中的脂肪含量

个体体内脂肪积累过多，必然会对其身体活动产生一些不利影响。特别是长期不参与运动锻炼的人,其肌肉表面和肌纤维之间会出现脂肪的堆积。在锻炼过程中,肌肉内的脂肪会在肌肉收缩时产生摩擦,降低肌肉收缩的效率,增加身体运动负荷。而通过长期的户外运动训练,则可以有效减少肌肉的脂肪,提高肌肉的收缩效率。

（3）增加肌肉中的毛细血管

通过户外运动训练,运动者骨骼肌内的毛细血管在数量或形态上会发生一定变化,使肌纤维之间的毛细血管平均分配数量增多,在这样的情况下,人体肌肉的工作能力得到大大增强,从而有利于运动者更好地参加户外运动及拓展训练。

（4）促进肌肉中化学成分的变化

坚持长期参加户外运动训练,运动者肌肉内的化学成分会发生一定变化,如肌球蛋白和肌动蛋白增多,在这种情况下,运动者的肌肉收缩能力得到有效提高。除此之外,运动也会使机体内的肌肉内水分增加,肌肉力量不断增长。这些对于运动者参加户外运动都是非常有利的。

（5）增加动力肌纤维数量

大量的研究与实践表明,长期坚持从事户外运动训练,可以有效改善运动者的神经控制,增强神经冲动的传递,并使一些不活动的肌纤维活动起来。通常来说,在训练水平较低时,只动员肌肉中60%的肌纤维参与收缩活动。而随着训练水平的逐步提高,肌肉中可以动员参与收缩活动的肌纤维能够达到90%。在这样的身体状态下,运动者能更好地参加户外运动训练,保证运动安全。

（二）户外运动训练与人体骨骼的关系

1. 骨的形状和构成

（1）骨的形状

骨骼是以骨组织为主体,在结缔组织或软骨基础上经过一定的骨化形成的。由于人体的骨存在的部位和它发挥的功能不同,因而形状也就多样。根据骨的形状特点大致可以将骨分为长骨、短骨、扁骨、不规则骨等几种（图2-3-3）。

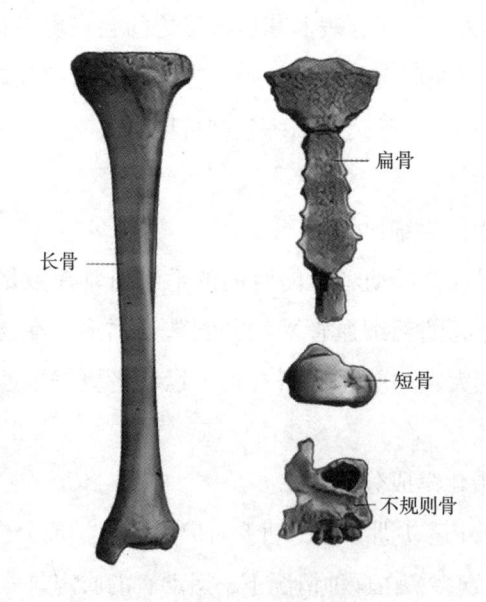

图 2-3-3　骨的形状

（2）骨的构成

骨是由骨质、骨髓、骨膜、神经、血管等构成。骨质又可分为骨松质和骨密质，这是骨的基础成分。骨的表面被一层骨膜所包裹，内部充满骨髓（图 2-3-4）。

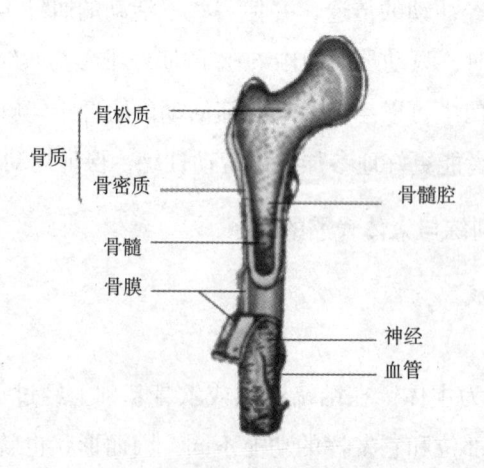

图 2-3-4　骨的构成

2. 户外运动训练对人体骨骼的影响

对于处于身体发育期的运动者来说，这一时期其身体状态处于上升或者巅峰时期，机体的新陈代谢旺盛。在这一阶段进行户外运动训练，对骨骼的生长和保持骨骼的良好状态是非常有益的。

运动者通过户外运动训练，可以使骨骼表面的隆起更为显著，骨密质增厚，管状骨增粗，骨小梁配合更符合力学规律。这一系列骨形态结构的改变，使骨的抗压、抗弯、抗折断和抗扭转等机械性能得到提高。

此外，运动者骨骼的变化与肌肉的牵拉作用有着一定的联系。骨量的增加与肌肉力量的增加有着非常明显的相关性，并且骨量的增加部位与肌肉训练的部位有关。当然，随着肌肉力量的增大，肌肉收缩对骨骼产生的应力刺激可以使骨细胞的活性得到有效提高，这种活性可以使骨骼保持良好的状态，并一直延续到中老年后，其表现为有效延缓中老年骨量丢失。

（三）户外运动训练与人体关节的关系

1. 关节的基本结构

通常情况下，可以将两块或两块以上骨骼之间借助结缔组织、软骨或骨的一种连接结构称为"关节"。而关节在肌肉收缩引起骨骼运动的过程中发挥着不可替代的作用。保持关节健康是人体保持灵敏活动状态的重要基础。

一般来说，关节的结构主要包括关节面、关节腔和关节囊，并辅助以关节软骨、关节唇和韧带等结构。具体内容如下：

根据关节运动轴的多少和关节面的形状等因素，可以将关节分为单轴关节、双轴关节和多轴关节三种形式。

根据两骨间连接组织的不同，可将关节分为纤维性关节、软骨关节和滑膜关节。

2. 户外运动训练对人体关节的影响

经常坚持参加户外运动和拓展训练，不仅可以有效锻炼肌肉和骨骼，还能使骨关节面的密度增加，骨密质增厚，使身体活动更加灵敏、自如，由此形成一种良性循环，从而越发能够承受更大的运动负荷。

从关节的功能可知，关节的健康程度就在于它的灵活度上，但是这并不是绝对的，在真正体现其灵活性的同时，还需要有相对的稳固性予以支持。因此，关节的稳固性和灵活性又是相互矛盾的。肌肉力量大，韧带、肌腱、关节囊就会增厚，这对关节稳固性和防止关节损伤有很大好处，但这样又势必会影响关节的灵活性。因此，运动者在户外运动训练过程中，必须处理好运动关节所存在的这些矛盾，在发展肌肉力量的同时，兼顾发展其伸展性动作的练习，使二者得到同步发展，从而获得运动关节既稳固又灵活的最好状态。

第三章 户外运动项目教育指导

户外运动是在自然场地上进行的集体运动项目，具有很大的娱乐性、挑战性和刺激性，运动价值非常高。将户外运动引入高校体育教学实践是高校体育教学的一种创新和发展，是新时期高校培养全面发展的高素质人才的必然要求。本章内容为户外运动项目教育指导，阐述了户外运动项目的课程体系、户外运动项目教学模式、户外运动项目的教学组织与管理。

第一节 户外运动项目的课程体系

一、高校户外运动课程开设的意义

具体来看，高校的课程体系加入户外运动有其必然性和必要性，主要表现在四个方面。

（一）高校实施素质教育的重要手段

依据调查研究显示，高校传统的课程体系中，体育教学对于学生创造性素质、身心的发展以及人际交往方面的培养并未达到预期的效果。户外运动对于传统的体育项目来说具有显著的作用，无论是其自身的运动特点、户外的环境，还是集体存在的形式，都具有很大的优势。在户外运动特殊的环境中，学生的人格锻炼得到重视，心理品质和个性都得到培养，个性逐渐趋于完美；户外运动的集体形式提高了学生的人际交往能力和沟通能力，使其能够更好地体验集体生活的乐趣，进一步了解、认识个人和社会；户外运动自身具备的特点，不仅能够激发学生参与过程中的创造力，而且能促进学生强身健体，提高创造素质和整体素质。户外运动的种种特点和方式，可全方位地激发学生的各方面能力，让他们能够提早接触社会环境，为融入大环境打下基础。

在传统的观念中，人才是指相对窄层面的具有专业素质的人。然而，随着时代的进步和社会的发展，人才的含义更加宽泛，人们对其要求也越来越高，不仅要具有良好的专业文化素质，还要具备良好的品德、人文、审美素养，具备创新、创造能力，能够处理好人际关系、身心健康等众多要素。

综上所述，我们可以了解到户外运动的加入对于高校的体育教学体系的完善发挥了很大的作用，增加户外运动这一教学内容是正确的，存在着其必然性和必要性。户外运动的课程开设可以弥补传统体育教学的劣势，更好地提升高校的体育教学效果，是提升素质教育的重要手段。

（二）符合现代化的学校体育教学理念

提高学生的综合素质、促进学生的全面发展是高校进行体育改革的重要目的，户外运动进入课程体系是素质教育、体育教育推进以及高校体育教育改革深化的重要体现。体育课程体系中加入户外运动这一课程内容反映了这个时代的特征，体现出了现代化的体育教学理念。

1. 具备主体性和选择性

从微观上来看，对学生人格的重视、个体差异性的关注、个性发展的尊重是开展户外运动课程、进入体育教学体系的重要基础。户外运动课程很好地满足了学生体育方面的兴趣、爱好，特长发展，并以此为依据教学，促进学生的个性发展，有益身心健康。户外运动成为体育教学课程内容是大势所趋，充分体现了高校体育教学的主体性和选择性。

2. 具备人文性

参与户外运动，可以磨炼学生不怕失败的毅力，树立拼搏、竞争的信念和自强不息的精神，面对困难和挫折不气馁，同时也有益于强健体魄。因此，户外运动必然会成为高校体育课程教学的重要部分，不断提高学生团结协作、与他人沟通合作的能力，充分体现了户外运动在高校体育教育中人文性的原则。

3. 具备开放性

传统意义上的体育教学都只是在校园内开展，户外运动课程的加入打破了传统的局限性，无论是空间上还是时间上，都对传统的教学进行了深入的拓展，进一步开拓了体育教育改革的思路。户外运动教育的改革也正是这样体现了开放性的原则，彰显出户外运动教学的突出特点。

（三）实现普通高校体育课程目标的教学策略

"以人为本，健康第一"是各高校户外运动教学开展的主要教育指导理念。《全国普通高等学校体育课程教学指导纲要》中有五项体育课程目标被提出，并且重点提出高校应开发自然资源，通过户外运动来完成普通高等学校体育课程目标。对于户外运动的重视应更多地体现在学生的自主性上，以学生自身的兴趣为重要依据，充分调动学生参与户外运动课程的积极性和主动性，以更好地实现高校体育课程标准中的目标为己任。

1. 身体健康领域

个人的身体素质、体能训练是户外运动的基础，参加户外运动要有一定的体能基础。户外运动的运动量大，难度也比较大，对于人的身体体能素质要求较高，户外的路途、地形、气候等诸多因素都会产生不同的状况，需要我们去应对。由于户外运动难度较大，许多项目对人的体能具有较高的要求，为了能够适应户外运动中远途跋涉、攀登、爬越及朝夕气温的变化和不同地域的气压变化等状况，所以要求学生在参加户外运动之前进行一定的体能训练，具备一定的体能基础。而这些体能训练对于学生身体素质的提高、良好锻炼习惯的养成、终身体育意识的培养等都有重要意义。户外运动教学对高校体育课程标准中的身体健康领域目标的实现也有重要推动作用。

2. 社会适应领域

集体形式是户外运动教学较普遍的形式，在高校的户外运动教学过程中，每一位同学都扮演着不同的角色，负责不同的工作，承担着属于自己的一份责任和义务，无论是以班为单位还是以小组为单位。在自己的小集体中，学生们往往会更多地考虑其他人的感受，不会总是以自我为中心，也正是因为户外运动使集体中的个体团结友爱、互相关心、互相帮助。通过户外运动，同学们能够从中收获关心、收获友爱，体会集体生活给予的温暖，提高相互协作的能力，以及社会人际交往的能力，从而在整体上对高校体育课程设置中的社会适应领域目标予以充实和实现。

3. 心理健康领域

户外运动对高校体育课程标准中心理健康的作用也是不容忽视的，户外教学的场所决定了户外运动过程中会有很多不确定因素，对于大自然的客观条件，如气候、时间和空间的变换等都影响着课程的开展及效果。这些不确定的因素决定了学生要具备良好的应变能力和心理素质,保持冷静、沉着,有足够的抗压能力,勇于探索大自然,正是这些因素可以不断增强学生的心理承受能力、独立思考能力,从而塑造良好的性格特点。

二、户外运动课程体系建设

(一)课程目标

依据高校体育教学的实际情况,公体选修课通常安排的时间是一学期,课时安排为 36 个学时,依据不同体育项目的特点来安排不同的理论课时和实践课时。可以把户外运动课程的课时安排为理论课 8 个学时,实践课 26 个学时,考核课 2 个学时。

高校户外运动课程的目标与 2002 年 9 月教育部颁发的"纲要"中的五项目标相一致,分为基本目标和发展目标

1. 基本目标

基本目标针对的是愿意参与户外运动公体选修课的全体学生。通过户外运动课程的学习,掌握户外运动基本理论知识、基本运动技能,并能自觉利用户外运动进行身体锻炼,增强体质、增进身心健康,培养终身体育意识和良好的锻炼习惯,养成良好的体育协作和团队精神,能正确地理解竞争与协作的关系,能积极参与各类社会事务。

2. 发展目标

发展目标是针对那些在户外方面学有所长的学生。通过参与级别和难度较高的户外运动项目,使其户外运动技能达到国家等级运动员的水平。能独立制定适宜自身的体育运动方案,具备较高的体育文化素养,积极主动地关心社会和参与社会公益事业。

(二)课程理念

高校的户外运动的课程理念是:安全、规范、科学、理性、环保。

(1)安全观

高校的户外运动课程教学应该确立安全第一的原则。

（2）规范观

高校的户外运动课程必须规范其操作程序，每次户外课必须列出详细的教学计划包括户外活动路线（事先由教师探察好了的路线）、户外装备、课程进展、时间安排、师生工作责任安排、户外技术技能培训、身体健康检测、体能训练、在当地政府安全机构取得联络并备案等；每次户外课中责任教师必须进行风险评估，预测课程进展过程中可能会出现的意外事件，并且要拿出应急处理方案。在认为风险系数较高时必须购买户外保险。

（3）科学观

在开展户外运动课程的过程中要用科学来指导户外运动，同时要借助户外运动的开展号召学生进行自然科考，培养学生热爱科学的品质。

（4）理性观

师生在户外运动过程中应该多一些理智，少一些浮躁，不要过于追求高、险，高校户外的最终目的在于让学生体验户外，而不在于探险，对大多数同学来说户外运动课程项目的难度级别应该确定在初级、中级为宜，只有那些在户外运动方面学有所长的学生才适当参与高级项目。

（5）环保观

高校应该把环境教育有机地融入户外运动教学中，培养学生热爱自然、保护自然的优良品质。

（三）课程内容

高校户外运动课程内容包括理论部分和实践部分：

1. 理论部分

理论部分包括：户外运动概论、户外基础医学、户外地形、地质、地貌基础学、户外气象基础学、户外动植物基础学、户外定向、户外危险因素分析、户外饮食、户外自救互救。

2. 实践部分

实践部分包括以下内容：

①基本体能训练。在户外运用常规体育训练学的方法进行体能训练，训练的方法和负荷应该依据户外运动的难度和级别而定。

②户外心理训练。信任背摔、沉船逃生、盲人方阵、搭天梯、高空抓杠等。

③户外技术训练。攀岩技术、户外定向（GPS 的应用）术、伤口包扎术、户外急救术、扎营技术、挖灶埋锅术、户外信号的发射术等。

④户外技能训练。营地的选择、户外工具的制作（梯子、吊床、木筏等的制作）、户外定向实践。

⑤综合训练。野外生存、越野挑战比赛、登山等。

（四）课程任务

户外运动课程教学的基本任务是：全面发展学生身心素质、社会交往素质、创造素质，让学生掌握户外运动的基本知识、基本技术和技能，使学生具备更强的户外自我生存能力和多学科知识的综合能力。

对学生进行思想、道德品质教育，加强团队协作精神，培养学生吃苦耐劳、顽强拼搏的精神和竞争意识。

创设良好的课堂氛围，激发学生学习的兴趣，培养学生的体育意识，全面发展学生的身体素质，心理素质，增进身心健康，提高学生社会交际能力。

使学生掌握体育锻炼的基本知识、技术、技能，了解体育对人全面发展及增强体质、提高健康水平的重要性及科学锻炼身体和自我评价的方法，培育良好的体育行为，养成自觉锻炼的习惯，培养终身体育意识。

（五）课时分配

课时分配，如表 3-1-1 所示。

表 3-1-1　高校户外运动课程课时分配

部分	内容	课时	授课时间	教学场地
理论部分	户外运动概论	1	周一至周五	多媒体教室
	户外基础医学	1	周一至周五	多媒体教室、校医院
	户外危险因素分析、户外饮食、户外自救互救	2	周一至周五	多媒体教室

续表

部分	内容	课时	授课时间	教学场地
理论部分	户外地质、地形、地貌基础学、户外气象基础学	2	周一至周五	多媒体教室、实验室
	户外动植物基础学、户外定向	2	周一至周五	多媒体教室、学校体育场馆
实践部分	基本体能训练	2	周一至周五	学校体育场馆、校园周边公园、校内户外运动拓展基地、郊区公路
	户外心理训练	2	周一至周五	学校体育场馆、校园周边公园、校内户外运动拓展基地、市区户外运动俱乐部户外心理拓展训练基地
	户外技术训练	2	周一至周五	学校体育场馆、校园周边公园、校内户外运动拓展基地、市区户外运动俱乐部户外心理拓展训练基地、人工攀岩馆
	户外技能训练	2	周一至周五	学校体育场馆、校园周边公园、校内户外运动拓展基地、市区户外运动俱乐部、户外心理拓展训练基地、人工攀岩馆
	综合训练	18	周六至周日、五一或十一期间	学校附近森林公园（初级班）国家级自然风景区（中级班）
考核部分	基本理论	1	周一至周五	教室
	基本技能	1	周一至周五或者在其他假期灵活安排	可穿插在其他部分进行

(六)实施过程

1. 确定学员

凡思想先进、组织纪律严密、热爱户外运动的学生，只要无心血管疾病、肺病、高血压等重大疾病，并且通过了体育课部组织的选课考试（体能测试、健康测试）都可以参与户外运动课程的学习。

2. 编班分组

依据该学期学员的人数平均分班，人员数目确定在35~45人，且进行男女搭配比例为男女3∶1为宜。

3. 理论学习

介绍户外运动基本知识让学生对户外运动有所了解。

对户外常见损伤的预防和治疗进行讲解，如擦伤、毒蛇咬伤、野外毒虫咬伤、误食毒草毒果的救助、野兽伤害的救治等进行现场模拟演练。

对户外危险因素进行分析，如野兽的出没、暴风雨暴风雪的来临、预防雷电的袭击、山体滑坡的分析、森林瘴气的辨别和处理、雪崩和冰崩等。

户外地形、地貌的识别，如何走山地和雪地，以及穿越森林和沼泽沙漠等，户外动植物的识别，可食动植物的辨别，户外天气的识别，户外取水用水饮水知识的讲解。

以上理论学习必须和实践学习相结合才能取得良好的效果。

4. 实践学习

①基本体能训练：出发前进行两至三周的男子30米，女子20米的体能适应性训练，训练强度依据课程项目的特点和难度级别由户外教师确定。

②基本户外技术训练：攀岩技术的训练（包括打绳节、系安全带、如何发力、如何攀爬、如何利用辅助工具等）、攀冰技术的训练（冰镐的用法、辅助工具的用法）。

③基本户外技能的训练：营地的选择、如何制造简单的户外工具（如手杖的制作、吊床的制作等），简易炉灶的制作、户外取火技能等。

④综合实践：定向越野比赛、集体登山比赛、野外生存训练、负重行军训练、溯溪比赛、野营、露营。

第二节 户外运动项目教学模式

一、体验式教学模式

（一）体验式教学的概念

体验式教学（the experience type teaching）最早是由美国凯斯西储大学维德罕管理学院组织行为学教授大卫·库伯（David Kolb）在20世纪80年代初提出来的。他认为："有效的学习应从体验开始，进而发表看法，然后进行反思，再总结形成理论，最后将理论应用于实践。"[①]

什么是体验式教学？我国很多专家和学者经过深入研究给出了不同的定义，归纳起来主要有以下几方面：

1. 理念说

体验式教学概念引入我国初期，人们关注的是它与传统教学方式在教育思想和教学理念方面的差异，是最高层次和最本质的教育哲学问题。体验式教学是师生的一种生命活动历程，师生把生命投入教学之中，师生在与自我和其他生命与世界的相遇互动中感受生命、发展生命。强调教学过程中，师生关系是平等的；教学过程不仅是理论知识的传授，还有对生命价值与意义的感受。体验式教学在教学理念层次对传统教学提出了巨大挑战。

2. 学习说

我国绝大多数学者从教师"教"的角度对体验式教学进行研究，另外一些学者从学生"学"的角度对体验式学习展开探索。前者认为体验式教学虽包含体验式学习，但体验式教学由教师设计与实施，所以研究重点是教师；后者则认为在体验式教学实施过程中，学生是主体，必须对学生体验式学习的欲望和需求、心理和行为进行深入研究，才能保证体验式教学有效实施，所以，从学生"学"的角度对体验式学习进行研究同样重要。体验式学习（Experiential learning）是指在教学活动中，创设一种情感和认知相互促进的教学环境，让学生在轻松愉快的教学气氛中有效地获得知识并获得情感体验的一种课堂教学模式。它运用心理学理

[①] 高谊.普通高校体育与健康教程[M].天津：南开大学出版社，2016.

论，研究学习者的情节记忆、情绪记忆、默会知识和实用智力，强调问题情境下学习者的高层次学习，激发学生积极思考，使学生在精神完全放松、思想高度集中的状态下从事学习活动，在问题解决的过程中体验和感悟，在有限的时间内获得最大的收获。体验式教学来源于体验式学习。体验式学习强调学习者自主学习，强调在学习的过程中把所学内容转化为自身知识并掌握知识的本质。

3. 方法说

体验式教学法即根据学生的认识过程、认知特点，在学习准备阶段、课堂教学阶段、课后延续阶段和评价分析阶段突出"体验"的手段，以学生主动参与、主动探索、主动思考、主动操作、自主活动为主，以培养健全的人格和提高心理素质为目标的教育观念和教学方法。它强调学生的主动性、参与性，是学生通过亲身操作和体验而获得知识与掌握技能的一种教学方式，具体方式包括案例教学法、情景模拟法等。

目前，国内学者普遍认同的体验式教学的定义是教师根据学生的认知特点和规律，通过创造实际的或重复经历的情境，呈现、再现、还原教学内容，使学生在亲历的过程中凭借自己的情感、直觉、灵性等进行感受、体味、领悟，并产生情感、建构知识、生成意义、发展能力的教学观或教学模式。从这个定义可以看出，人们把体验式教学看作是一种主要的新型课堂教学方法或者学习方法，并且将体验式教学与具体的课程相结合，探讨各类课程的体验式教学方法与策略。

根据上述定义，体验式教学按照教学模式来衡量，并不是真正意义上的体验式教学模式，而是体验式教学模式中的一部分，是体验式教学模式的初级阶段。体验式教学模式包含很多的要素与内容，必须经过全面、系统的设计。

（二）体验式教学模式在户外运动项目教学中的应用

1. 体验式教学模式在户外运动项目教学中的应用价值

（1）有利于营造平等和谐的户外运动教学氛围

体验式教学不同于传统体育教学，能够在户外运动教学中为师生之间的交流提供更多平等和谐的机会。户外运动教学课程的有效开展，需要在良好的环境中进行。必须要有平等、民主的师生关系和融洽、和谐的学术氛围作为有效支撑。在户外运动教学中植入体验式教学模式，能够帮助学生在日常学习生活中养成主动思考、果断尝试、表达疑问、学术讨论等优秀品质。在和谐平等的教学氛围下，在体验感十足的教学实践过程中，教师积极鼓励学生勇于尝试，主动与学生互动，两者地位平等，同样也能够激发学生良好的学习兴趣。

（2）有利于体现户外运动教学中学生的主体地位

由于学生是体验式教学的主体，因此在体验式教学中必须始终将学生摆在主体地位上，这样才能保障体验式教学的有效开展，促进户外运动教学的发展。在传统教学中学生总是处于被动地位，而体验式教学彻底改变了这一现象，学生由被动学习向主动学习转变，展示了学生的主体地位和个性特征。新课程改革倡导学生要积极参与，在实践中敢于探索，强调给每个学生体验的机会，更要关注学生之间的需求与个体差异。由于学生间存在个体差异，所以他们的文化构造、学习效率和方法等各不相同，导致学生在参与体验式教学实践过程，收获的感受和体验存在也各不相同。因此，即便山地户外运动教学属于群体性的实践教学，也能从实践过程当中发现学生的不同参与方式和不同认知收获。

2. 体验式教学模式在户外运动项目教学中的应用对策

（1）加强教师专业技能培训，提高教师教学的专业素养

针对体验式教学专业性高、体系化全、系统性强的特点和部分户外运动教师专业素质无法满足实际教学需要的现实情况，必须对户外运动教师进行针对性的专业技能培训，加强教学理念和方法体系等方面的专业知识培训。首先要注重户外运动情境的教学设计的同时，还需要加强体验式教学内容的策划与实施，积极营造一种身临其境的教学实践氛围；其次必须始终遵循由易到难的体验式教学原则，帮助学生逐步理解掌握山地户外运动知识；最后，从多方面积极地引导学生进行学习反思学习，促进学生对已有的体验进行回顾加深认知。

（2）优化配置户外教育资源，创造良好的体验式教学环境

体育教育资源是保障户外运动教学顺利开展的物质基础。合理的课程安排、优良的教学场所、满意的运动器材以及专业的体育师资队伍是体验式教学在户外运动教学中顺利开展的基本条件。首先要保证充足的户外运动教学课时，合理的安排课程时间，提高教学时间段地利用效率，保证教学效果；其次需要一个安全良好的教学场所和教学设备，来保证日常教学训练的需要，同时还能吸引学生积极主动参与到日常练习中，加强对技能的掌握；最后加强专业师资建设，对现有教师定期进行专业培训或引进更高层次的师资水平。只有熟练掌握每种体育技能

和训练方法，以及安全保护方法的专业体育从业人员才能引导更多的学生参与到山地户外运动教学中。同时帮助他们形成正确的体育习惯、价值观等，为终身体育的形成打下坚实的基础。

二、合作教学模式

（一）合作教学模式基本知识

1. 合作教学的含义

合作教学是 20 世纪初创立，20 世纪中叶在美国发展起来的一种新的教学理念。合作教学的研究者从社会学、哲学、教育学和心理学等各个角度研究学习者学习活动中各种因素的作用，从而提出在教学活动中要进行合作教学的理论。在此基础上归纳总结出合作教学的定义：合作教学表述为以合作教学小组为基本形式，系统利用教学动态因素之间的互动，促进学生的学习，以团体成绩为评价标准，共同达成教学目标的教学活动。

具体来讲，合作教学具备三个方面的基本特征：第一，合作教学要以合作教学小组为基本形式，只有通过小组方式才能形成紧密结合的一种学习方式；第二，要利用小组间的互动以及关于教学内容等因素的讨论，在互动交流中发展学生的推理能力、合作意识，以及解决问题、人际沟通的各种能力；第三，这种教学模式要以整个小组即团队的成绩为评价的标准，能够有效地促进团队成员间的相互合作，改变个人独立学习的学习态度。

2. 合作教学模式的分类

（1）师生合作教学

合作教学主要倡导师生之间互相尊重与合作，以此引导学生进行自主学习，尤其注重师生之间的合作过程。由于师生合作是合作教学模式中的基础部分，并且也需要学生与学校以及家庭构建一种紧密的合作关系，由于合作教学模式主要提倡的是师生之间的有效合作，所以将此归于师生合作教学范畴。此外，我国 90 年代教育主要借鉴国外的合作教育模式，提出了师生合作教学理念，并且在此基础上实施了合作教育实验，在实验的过程中主要是以师生之间有效合作为出发点，促进师生合作教学。

（2）全员合作教学

全员合作教学主要是由我国学者提出的，通过教学实践逐步形成的一种新型合作教学模式，其中全员合作教学是我国学者借鉴国外的一些教学经验，并根据自身研究成果创新出的一种教学理论与策略体系。与师生合作、生生合作有一定的区别，全员教学的主要特点是全员参与，对教学中不同动态因素之间的互动具有较高的协调，教学模式主要强调师生之间的合作，师生合作以教师为中心，生生合作教学模式主要是以学生为中心。全员合作教学中，不同动态因素均是教学活动中不可或缺的资源，在较大程度上强调了动态因素之间的有效合作。从活动方向来看，全员合作教学需要在师生合作以及生生合作之间进行两者兼顾并求取平衡，除此之外全员合作教学的有效实施主要是建立在教育社会学、社会心理以及教育技术学等基础上，并以目标设计为主导，以小组活动为教学形式，以此实现合作教学质量的提升。

（二）合作教学模式在户外运动课程中的应用

1. 学习情境的创设

在合作教学模式实施的过程中，教师需要根据学生个体性格特点进行学习情境的有效创设。比如，在进行友好竞争性学习情境的创设中，将自主认知到个体学习以及团队集体学习为学习目标，使学生在利己与利他的环境中实施有效学习。只有小组成员全部得到进步，学生个体才能得到成功，教师在进行情境创设过程中，应把学生放在教学的主体位置，教师应以引导的方式提高学生之间的有效互动，以此提升学生间的合作能力，这在较大程度上能够有效提升学生的学习兴趣，以此促进学生自主学习能力的提高。在进行学习情境创设的过程中，学生应当认识到情景创设的重要性，还应对学生获得的成绩给予鼓励，并且对学生自我价值的提升给予肯定。比如，爬山训练过程中，教师通过对学生的个体差异进行了解，进行学习情境的创设，教师将山路分为不同的路段，降低学生内心对终点遥不可及的想法，让学生在规定的时间内完成一个个小的目标，这在较大程度上能够有效磨炼学生自身的毅力，对户外运动课程质量的提升具有较大的提升作用。

2. 重视师生之间的互动

目前，我国高校户外运动课程应用合作教学方法，应重视师生之间的有效互动。由于合作教学在实施过程中具有自身的互动性，师生之间的有效互动可大大增长学生户外运动技能，并在此运动过程中形成一种正确的价值观念。此种互动形式与传统形式有较大的区别，在师生互动的基础上，将其延伸到学生之间的全面互动，合作教学模式在进行有效互动的过程中，是在传统教学模式基础上的一种较为全新的教学理念，并且能够较好提高目前体育教学的认知度[1]。

第三节 户外运动项目的教学组织与管理

户外运动项目教学的组织与管理。是指为了保证户外运动教学的效果，依据户外运动的组织与管理的基本理论与方法，结合户外运动教学的目标、特点与规律，对户外运动教学过程和各教学环节进行有效的组织和管理。

一、户外运动项目教学的组织实施

（一）教学准备

户外运动教学的时间安排为1个学期。在开展户外运动教学前一学期，应通过学校教务部门和体育教学部门主页、通知公告宣传栏等处，介绍户外运动课程教学的基本情况及管理办法，包括户外运动教学的主要内容、师资、教学手段、开课时间、考核办法等，均应有较详细的介绍。

户外运动教学分为必修课和选修课两种类型，在校学生通过学校教务系统的选课系统，自愿选课参加学习，并适当缴纳野外生存综合训练所需费用。对于体育课教学计划的安排，各高校存在一定差异。目前，我国大部分高校将体育课作为通识教育课，在大学第一至第四学期（即大学一、二两个年级）开设。部分高校经过教学改革，在规定体育课必修学分（通常为4个学分）的基础上，允许在校本科生可以在大学一到四年级共八个学期中，任意选择四个学期进行公共体育课学习。例如，中国地质大学（武汉）普通本科生可以在任何一个学期，通过校园网自由选择选修户外运动公共体育课或其他项目体育课。考虑到户外运动教学

---

[1] 谷金清. 自主——合作学习模式在高校专业课教学中的应用[J]. 科教文汇，2016（31）：43-44.

的实践部分，在野外生存综合训练时因食品、装备、交通等方面的实际费用支出，按照学校规定，对每名学生要酌情收取一定费用。

统一组织、合理利用教学资源。理论课合班进行教学；实践课以班为单位进行教学，每班人数控制在30人左右。

师资安排。根据户外运动课程教学大纲要求，由于户外运动教学的内容非常广泛，因此师资团队的组成必须做到科学合理、精干高效，一般而言，理论课的教学需要5~6名教师，野外实习需要7~8名指导教师或教练。理论课教师必须具备深厚的户外运动理论功底和丰富的实践教学经验；野外实习指导教师则更强调具备熟练、灵巧的实践操作能力，以及现场突发情况的控制能力。

（二）教学方式及相关内容

教学采用理论与实践相结合的方式。综合训练作为教学的延伸，其时间通常安排在学期末的周末时间。

理论课运用多媒体课堂教学，实践课则在野外自然环境中进行，并注重学生户外运动技术、技能及生存技术的培养，尽量让学生根据所学的知识自己解决问题，以培养学生的创新、动手及应变能力；综合训练是对学生学习效果及综合素质的全面考核，安排在理论实践课后进行。

在实践课和综合训练过程中，指导教师根据教学要求，对学生进行分组（5~8人1组，男、女生搭配），实行组长负责制，户外大部分活动以组为单位进行练习，采取互动式教学。

根据训练基地的实际情况安排攀岩、速降、滑冰、搭绳过涧、丛林穿越等项目的技术训练。

二、户外运动项目教学的注意内容

外出进行野外实践练习前，必须将各项安全事项向学生告知，引起每名学生的足够重视。

指导教师中必须有一名具备丰富的医疗经验，有条件的应尽量配备专职队医（可兼职做实习指导工作）。

每个小组应安排一位教师处理紧急情况，确保训练安全。

一切实践活动的开展须确保师生人身安全，如有学生因个人身体原因实在无法完成训练任务，可以放弃。

三、户外运动项目的教学考查

教学考查的内容包括理论考查、实践操作考查和野外生存生活综合评定。理论考查占总成绩的30%，考查内容包括所有课堂讲授的户外运动知识；实践操作考查占总成绩的20%，考查内容包括技能技巧（在攀岩、定向越野、野外生存等项目中，采取抽签的方法考查其中一项）；野外生存生活综合评定占总成绩的50%，教师应根据学生在户外的表现进行综合评定，如表3-3-1所示。

表3-3-1　户外运动项目教学考核

考核项	考核比例	考核内容
理论考查	占总成绩的30%	所学过的户外运动知识
实践操作考查	占总成绩的20%	所学过的技能、技巧，抽签考核一种
野外生存生活综合评定	占总成绩的50%	教师根据学生在户外的表现（吃苦耐劳、互相帮助、团队精神、技能技巧的掌握情况等）进行综合评定

四、户外运动项目教学组织与管理的发展前景

（一）户外运动的"小团体"教学

户外运动的根本性质决定了它不同于以往的教学模式。因为学生大多采用团队合作方式，所以教师在教学时也会以小组为单位进行教学，重视学生团体意识的培养，在团队合作的基础上提高学生的生存技能，并达到课程要求的标准。户外运动教学始终贯穿着以人为本的教学理念，无论什么活动都要以人为中心，体现了在管理模式上的人性化特点，并注重发挥集体的优势，让学生获得合作的乐趣。

（二）户外运动的选项制和俱乐部制

户外运动教学主要采用选项教学方式，这是由它的根本性质和特点决定的。就时代发展潮流来看，选项制还会存在很长一段时间，这项制度是高校户外运动体育课程教学组织管理发展的趋势。

另外，由于户外运动的特殊性，多元化发展已是大势所趋。由于现在的基础教学模式已经不能满足学生和教师的需要，所以俱乐部制便逐渐兴起，它符合户外运动中常规训练所需要的条件，有利于组织活动和管理，所以俱乐部制也是高校户外体育课程教学的主要发展方向之一。

第四章 户外运动项目教育实践

户外运动是一系列的项目群，有着丰富的内容，它以其挑战性和刺激性受到了广大人民的欢迎与喜爱。本章为户外运动项目教育实践，详细阐述了山地户外运动、冰雪户外运动、水上户外运动、户外拓展训练四个方面的内容。

第一节 山地户外运动

山地户外运动在当下已经成为一项非常热门的户外运动项目，以其轻松愉快、阳光自由的特点深受人们喜爱。常见的山地户外运动有登山、攀岩、徒步穿越和山地自行车，要想顺利地参与到这些项目当中，体验在大山之中的运动乐趣，就需要掌握必要的运动知识并做好相应的准备工作。

一、登山运动基础知识

（一）登山运动的历史进程

1. 登山运动的起源

人类的生活、生产劳动实践是体育运动产生的基础与渊源，登山运动亦遵循于此。登山技术的产生与发展，首先是来自人们的生活、生产劳动实践。在远古时期，洪水泛滥时，人们上山去躲避洪水；当人类社会出现部落、民族和国家后，人们又常常上山去躲避入侵的敌人或依山打击敌人；在商品交换形成之后，人们又赶上马匹，翻山越岭与外族进行商品和文化艺术的交流。整个人类的生活与山有着密切的关系，登山运动也就由此而不断得到发展。

贯穿法国、意大利、瑞士和奥地利等国家的阿尔卑斯山脉是现代登山运动的诞生地。其主峰——勃朗峰（在法国境内）海拔4810米，是西欧的第一高峰。据历史记载，法国一位名为德·索修尔的著名科学家为探索高山植物资源，渴望有人能帮他克服当时不可逾越的险阻——阿尔卑斯山脉顶峰。1760年5月，他在阿尔卑斯山脉脚下的沙木尼村贴出了一则告示："凡能登上勃朗峰或提供登上勃朗峰之颠线路者，将以重金奖赏。"但告示贴出后长期未获响应，因此，他每年出榜一次。直到26年后的1786年6月，一位名叫帕卡德的山村医生才揭下了告示，他们经过两个多月的准备，并与在当地山区采掘水晶石的工人巴尔玛特结伴，于当年8月6日首次登上了勃朗峰。后来，人们把登山运动称为"阿尔卑斯运动"，并把1786年作为登山运动的诞生年，索修尔、巴尔玛特等人则成了世界登山运动的创始人，并得到了国际登山界的公认。

2. 登山运动的发展

（1）阿尔卑斯黄金时代（1786—1865年）

1786年登山运动诞生以后，特别是在1850—1865年的15年间，阿尔卑斯山脉的登山运动发展极为迅猛。世界上第一个国家性的登山组织——英国登山俱乐部，于1857年宣告成立。这一时期阿尔卑斯山脉的西欧第二高峰杜富尔峰（4638米）、埃克兰峰（4103米）、芬斯特拉尔霍思峰（4275米）等20多座海拔4000米以上的山峰先后被征服。1865年7月，英国登山运动员文培尔等人又登上了当时被人们认为无法登顶的玛达布隆峰（海拔4505米，其岩壁陡峭，平均坡度为65°，有的地方达90°），至此，以阿尔卑斯山脉为中心的登山运动达到了顶峰，出现了所谓的"阿尔卑斯黄金时代"。

（2）阿尔卑斯白银时代（1890—1917年）

在1890年至1917年第一次世界大战期间，是世界登山技术取得不断发展和进步的新时代，在世界登山运动史上被称为"阿尔卑斯白银时代"。

1865年以后，阿尔卑斯山脉的20多座海拔4000米以上的山峰被登山者征服后，登山者又以从未有人踏足过的山峰为目标，选择更为艰险的路线去攀登阿尔卑斯诸峰，由于这一时期的登山运动具有较大难度，主要是坡度大，路线上有冰雪，不但难以通过，而且还有很大的危险性。因此，克服这些困难，避免滑坠、滚石和雪崩等危险情况，就是这一时期人们需要解决的问题。1890年7月，英国登山家马默里首创钢锥、铁索、绳结等登山工具，用来制造人工支点（即手可抓握，脚可蹬踏的支撑点），并且将人与保护工具灵活地连接在一起。由于上述工具和装备的诞生，简单的民间登山活动提高为技术性很强的登山运动，马默里用新的技术登上了一些针状山峰，使登山运动在技术上有了重大突破，开创了"技术登山运动"的时代。马默里等人在登山技术上的重大成就，把登山运动提高到一个新的水平，这是登山史上的一个重要转折点，它标志着登山运动的一个新时代的开始，把登山运动从西欧阿尔卑斯山脉低山区引向喜马拉雅山脉的高山区。因此，人们又把"登山运动"叫作"马默里运动"或"马默里攀登法"。

（3）阿尔卑斯铁器时代（1918—1938年）

在马默里改进技术和装备之后，各国运动员也开始对新式登山装备和工具进行不断研究。相继创造出各种各样的钢锥、冰镐、冰锥、岩石铁锤、金属小挂梯、钉鞋、铁架背包等，这些装备和工具为登山运动增加了大量的钢铁制装备，这是马默里时代所无法比拟的。因此，人们把这一阶段称之为"阿尔卑斯铁器时代"。在这个时期，登山技术比马默里时代又进步了许多，当时马默里等人认为无法超越的"阿尔卑斯三大北壁"，即马达霍隆峰的北壁、古兰特·焦拉斯峰的北壁和埃格尔峰的北壁，成为英、法、德、意等国运动员进攻的目标。直到1938年夏，"阿尔卑斯三大北壁"被全部征服。在登山史上，"阿尔卑斯铁器时代"也就是登山运动员向"阿尔卑斯三大北壁"挑战的时代。

（4）喜马拉雅黄金时代（1950—1964年）

1950—1964年的14年间，是人类高山登山运动一个重要的发展阶段。1950年6月3日，法国运动员莫·埃尔佐和勒·拉施纳尔付出了"血"的代价（一人冻掉了双脚，另一人冻掉了一只手），在人类的登山史上首次成功地登上了海拔8091米的安纳普尔那峰。1953年5月9日，英国登山队的依·希拉里（新西兰人）和藤辛·诺尔盖（尼泊尔人，后入印度籍）从南坡登上珠穆朗玛峰（这是人类登山史上首次成功登上世界最高山峰）。

与此同时，中国登山运动员也以崭新的面貌，生气勃勃地跨进了世界高山登山运动的行列。1964年5月2日，中国登山队许竞（队长）、王富洲等10名运动员首次成功登上海拔8012米的世界第十四高峰——希夏邦玛峰，创造了一次10名队员集体登上8000米以上高峰的世界纪录。因此，世界登山史上将1950—1964年这段时间称为"喜马拉雅黄金时代"。

（5）喜马拉雅白银时代（1964—1979年）

1964年，中国登山队征服了名列世界第14位的高峰希夏邦玛峰，标志着世界登山史上人类"向海拔 8000 米以上高峰进军"的"喜马拉雅黄金时代"的结束。从而也迎来了一个新的高山登山时代——"喜马拉雅白银时代"。即从 1964 年至 1979 年的 15 年间，各国登山运动员在过去攀登 8000 米和 7000 米以上高峰经验的基础上，从 14 座 8000 米以上山峰的各个不同的角度和路线上继续创造新的、难度更大的攀登路线和人数上的纪录（包括女选手登上了 8000 米以上的高峰并创造了珠穆朗玛峰女子登山的新纪录）；而且这一时期，意大利登山家梅斯纳、奥地利登山家哈贝勒两人不使用氧气瓶从东南山脊上登上了珠穆朗玛峰，打破了过去认为不使用氧气不能攀登 8000 米高峰的理论，开创了人类攀登珠峰的新纪元。

（二）登山运动技术要领

1. 山间行军技术

山间行军技术是登山最重要的基本技术。如果登山者用一般人那种步伐去登山是很容易疲劳的。熟练的登山者有其独特的步行技术，这样的步行技术能够保持身体平衡、步伐节奏适中、随时调整呼吸。

山间行军技术种类较多，下面就详细介绍几种较为常用的步行法。

（1）上山步行法

上山步行法与平地步行法基本上没有太大的区别，但上山比走平地耗费体力。因此，需考虑各种条件，如登山者本身的身体状况、登山时的气象条件、团体及个人能力与装备等。

开始登高时，需特别注意的是步伐不要太快。在低洼的地方行走时，除溪谷外，大体上不至于有困难，但开始登高后，山路开始显得崎岖不平，因此，开始登高时步伐要小，但速度则要保持和走平地时一样，不要因岩石或树根的阻碍而踌躇不前。

不同的地形，步行的方法也有一定的差别。下面详细介绍在两种不同的地形上进行登山运动的步行方法。

登陡坡时采用的步行法。登陡坡时，不要直线登高，如路够宽时，可蛇行蜿蜒而上，山越高越陡，就越需如此。如果陡坡的山路太窄而无法蛇行时，就需渐渐降低速度，不慌不忙地以深呼吸调整步伐。

第四章 户外运动项目教育实践

背着重装备登陡坡是登山活动中最辛苦的,但也是最令人回味的。上坡时,满头大汗,双腿麻木,全身骨头好像要散掉了,登山者不但没有时间去思考,也没有心情去欣赏那如诗如画的风景,满脑子想的只是往上爬,这就是登高的最高境界。

登山者一开始登陡坡,就要尽可能以队伍前进的速度为准,调整自己的呼吸与步伐,并尽可能保持走平地的速度。如果前面的登山者速度太快致使自己无法赶上时,不要勉强去赶,可请领队通知对方,请其放慢脚步。如前行者是自己的伙伴,就可直接请他走慢一些。如果自己感到痛苦、疲劳不堪或体力不支时,应即刻通知同行的人。

登草坡和碎石坡时采用的步行法。草坡和碎石坡是山间分布最广泛的一种地形。在海拔3000米以下的山地,除了悬崖峭壁以外,几乎都是草坡和碎石坡。因此,攀登草坡和碎石坡是每个登山者必须掌握的一项基本技术。

登草坡和碎石坡时通常采用的步行法主要有两种,一种是直线攀登法,一种是"之"字形攀登法,具体如下:

第一,直线攀登法。直线攀登法适用于攀登坡度在30°以下的山坡。上升时身体稍向前倾,全脚掌着地,两膝弯曲,两脚呈八字,迈步不要过大过快。

第二,之字形攀登法。之字形攀登法主要适用于攀登坡度大于30°的山坡,这种攀登法能够减少直线攀登时的难度和滑坠的危险。"之"字形攀登法是指按照"之"字形的路线左右斜越、盘旋而上的攀登方法(图4-1-1)。采用这种方法攀登时,腿微微弯曲,上体前倾;内侧脚脚尖向前,全脚掌着地(主要用脚外侧蹬地),外侧脚脚尖稍向外撇(主要用脚跟蹬地)。除此之外,在采用"之"字形攀登法行走时,为了更好地保持身体的平衡,还要注意向左方转弯时,要先迈左脚,向右方转弯时要先迈右脚。

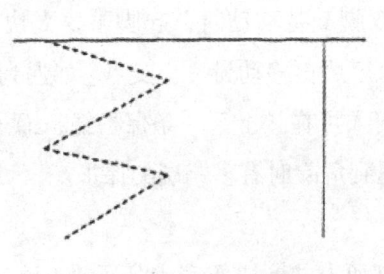

图4-1-1 "之"字形攀登法

（2）下山步行法

下山时使用的能量较少，几乎和平地行走差不多。但是，下山发生意外的情形却比上山时要多。一般来说，下山的步行法要根据具体的地形进行一定的调整，以达到理想的下山效果，并减少发生危险的概率。

在下坡度小于30°的山坡时，一般是两腿微微弯曲，膝关节放松，脚跟先着地，身体重心先放在两脚跟上，然后过渡到全脚掌，将整个身体的重量压在脚上，步子要小而有弹性（这种下法速度较快）。

在下坡度大于30°的山坡时，则仍需采用"之"字形路线斜着下山。一般是内侧脚用脚掌和脚外侧蹬地，外侧脚用脚跟和脚内侧蹬地，身体向内后方（指山坡方向）倾斜以保持身体的平衡。

2. 渡河技术

有时候在登山的过程中可能还会遇到山间的河流。这些河流的水文情况不同，有的缓慢、有的湍急；有的清澈见底、有的浑浊不堪。因此，要想在登山过程中顺利渡过河流，就需要对这些河流的情况有所了解，并且掌握必要的渡河技术。为此，在涉水渡河时首先要对河流进行实地考察，了解河流的深浅、流速及河底的结构，待河流相关信息准确后，再确定渡河的地点和方法。

一般情况下，渡河可根据同行人数的多少来进行分类，如单人渡河、双人渡河和多人渡河。

（1）单人渡河法

单人渡河法顾名思义就是一个人凭借自身能力渡河的方法。单人渡河需要渡河人找到一根长棍辅助，以感知河底的情况。在渡河时，木棍的支点与人的两脚要形成一个稳定的三点，且木棍的落点力争要在水的上游一侧。渡河时两脚移动过程中，身体重心需始终保持略向上游倾斜的状态，依靠木棍的支点，两脚站稳后再移动木棍。在渡河双脚交替移动时，起脚不要太快、太高，步幅不要太大，务必要保证有两个支点稳定后再移动另一个支点。如遇到水流较为湍急的河流时，为了提高安全系数，渡河人可在腰上系一条保护绳，绳子由岸上的同伴固定，如此可以使渡河人在不慎遇到危险时有多一层的保护。

（2）两人渡河法

两人渡河法是两名渡河人共同协作完成渡河的方法。两人渡河的方法主要为两人对面站立，双手相互搭肩，然后做横向侧跨步前进渡河。这种两人渡河法的关键就在于两人在渡河移动脚步的过程中必须要保持步调的协调一致，否则会造成两人移动不稳，摔倒的风险。

（3）多人渡河法

多人渡河法是两人以上的团队渡河方法。常用的多人渡河法包括三到五人一组"墙式"渡河法，具体的构成方式为三人或五人站成一列横队，相邻的成员互搭肩膀面向对岸前进。此外还有一种方式叫作"轮状"渡河法，即四五个人围成一个圆圈，互搭臂膀，朝着水流方向像车轮一样地转动，横渡前进。

3.休息

登山对人的体能的消耗是非常大的。在整个登山的过程中需要根据情况合理安排休息时间，以此获得登山者短暂的体能恢复，这一时间内还能整理服饰、进食进水，并对未来即将攀登的路程进行细致的研究。为了取得理想的休息效果，要注意休息时间的掌握以及休息活动的安排，具体如下。

（1）休息时间的安排

第一次休息时间的安排可于开始登山的20～30分钟后进行。这个时间的休息主要是为了消除刚刚开始行进后可能出现的不适感，如调整行装、整理服饰、增减衣物等。这次休息后，此后的每次休息时间间隔可为50～60分钟一次，每次休息的时间为10分钟左右。另外，在登山行进的节点处也要安排休息，这个节点主要为登山不同海拔高度设置的大本营。在大本营的休息要更为充分和全面，还可以在这个时间内对照地图确定所处位置并对周围地形进行观察，同时做好必要的记录。

实际上，对休息时间的安排是一种较为灵活的计划，只采用单一的固定休息间隔与休息时间并不现实，也不科学。这样一来对于休息时间的安排合理程度也成为判定一个登山领队水平的标准。因为休息时间的安排与分配的参考因素是需要根据路线难易情况、天气情况、全程计划时间以及队员身体情况而定的，如果不能将这些因素考虑周全，制定的休息计划可能就会拖延团队的行进时间，抑或是不能满足队员的体能恢复需求。

（2）休息活动的安排

依据休息时间的不同可以将休息分为短暂休息和较长时间休息两种。这两种休息的过程中,登山者的休息内容有一些差别。

短暂休息中的主要内容是登山者调整呼吸、解除疲乏、短暂恢复体力。如果休息时间特别短暂,如 5 分钟,那么就不要坐下以及卸下装备,只需手拄登山杖、弯曲上身,将上体重量移到登山杖上,便可使肩部和腰部得到暂时的放松;如果是 10 分钟甚至更长一些时间的休息,可在地上铺上防潮垫后坐下,并将一些易于拿放的装备放下。

较长时间休息中的主要内容是进餐和恢复体力。为此,在卸下装备后可先做一些简单的放松活动,然后开始创建进餐环境,如铺设防潮垫、生火、煮水等。休息场所的选择应考究一些,一般来说此地点多为背风、景致好的地点,但应将安全性放在第一位。

二、攀岩运动基础知识

(一)攀岩运动的历史进程

攀岩是一项基本不依靠辅助工具克服自身重力以实现对岩壁的攀爬的运动。这项运动是当下时尚运动中的重要内容,受到广大休闲人士的欢迎。

攀岩运动与登山运动有着很多相似之处,可以说它就是登山运动的一个分支。攀岩运动起源于 18 世纪末期的"阿尔卑斯运动",也就是登山运动。当时,登山是人们展现自身综合运动能力和意志品质的重要方式。但真正攀登高山的活动并不是人人都能参与的,因此,为了让更多人能体会到登山运动的魅力,一些热爱登山运动的登山家把惊险、刺激且具有非凡观赏性的攀登悬崖峭壁的技术、方法移到郊外的自然岩壁、城市室外室内的人工攀岩壁上,如此就构成了一种"微缩"的登山运动。到 20 世纪 50 年代后,攀岩才真正开始成为一项体育运动,其首先在欧洲开展起来,并且当时人们攀爬的岩壁主要为自然岩壁。

世界攀岩运动于 20 世纪 60 年代末兴起并迅速传播。这一时期举办的攀岩活动使用的大多为自然岩壁。这就使得这项运动对自然岩壁条件、天气、场地位置等环境的要求较为苛刻,给这项运动的广泛开展带来阻碍。而这个问题在 1985 年得到较好的解决,当时一位法国人使用可自由装卸的仿真沙子、石头、玻璃纤维和其他原料混合制成了岩壁,这种岩壁最大化地模拟了岩壁的棱角和攀爬着力点，有利于攀岩运动的开展，而这种人造岩壁也可以在城市中的任何地方建设。

目前，世界攀岩运动的风格主要有两大类，一个是以苏联为代表的"速度"派，另一个则是以西欧国家为主的"难度"派。早期攀岩比赛的形式是结组攀登，以速度为主。后来攀岩运动的发展越发朝着个人竞速的方向转变。当人工岩壁出现后，对于攀爬着力点的设计更加方便，因此就更加使攀岩运动倾向于难度赛。1987年，国际攀登联合会（UIAA）规定了正式的攀岩比赛必须采用人工岩壁，同年首届人工攀岩比赛在法国举办。1989年，首届世界杯攀岩分站赛分别在法国、英国、西班牙、意大利、保加利亚等国家举行。1991年举行了首届攀岩锦标赛。攀岩运动进入亚洲的时间较晚，其进入的标志为1991年亚洲竞技攀登联合会在中国香港的成立。1992年9月，韩国汉城（今首尔）举办了第一届亚洲攀岩锦标赛。

1987年，我国举办了第一届全国攀岩比赛，当时吸引了众多的攀登爱好者，使攀岩运动在我国逐渐被人们所知。从1997年开始，我国每年都要举行多次全国或国际性的攀岩比赛，大大促进了我国攀岩运动的发展。经过近30年的发展，特别是近五年来的突飞猛进式的发展，我国攀岩运动已初具规模，参与人数越来越广，年龄跨度越来越大，特别是攀岩运动已经成为众多少年儿童选择的运动，这对于他们培养身体机能和良好的意志品质都带来极大的促进作用。

（二）攀岩运动装备

攀岩运动具有一定的惊险刺激性，因此也就具有一些风险性。为此，在进行攀岩运动时就必须做好必要的防护措施以及选择质量可靠的装备。那么，了解攀岩运动中的常用装备并且能顺利使用就显得格外重要，这也是攀岩运动的基本技能之一。

攀岩运动中需要的装备主要有个人装备和技术装备两大类：

1. 个人装备

（1）攀岩服装

防风、透气是攀岩服装必须具备的功能。这种服装主要对攀登户外岩壁有较大作用，它可使穿着者保持身体的干爽和舒适，并且现代高分子材料也可以使得攀登服的耐磨性更好。此外还有一类具有快干、透气的衣服可以作为打底衫和打底裤穿着，这些材料具有独特的速干性，在洗后10~15分钟即可变干，可以有效减少服装因出汗而导致的穿着不适感。

如参与户外自然岩壁的攀岩运动，还需要顾及保暖的问题。因此，抓绒材料制成的夹克和背心就是很好的选择。抓绒的材质轻，而且保温性好，同等重量的抓绒和同等重量的羊毛相比，抓绒的保暖性要强于羊毛。此外，这种材质的导汗性也较为理想，只是这种材质衣服对于大风的抵抗力较差，易被风打透，如需穿着还需要在外面多穿一层防风外套。

（2）攀岩鞋

对于攀岩运动来说，脚部是非常重要的着力点。因此，一双好的攀岩鞋对于攀岩运动来说至关重要。评判一双攀岩鞋是否适合要看鞋是否符合穿起来舒适且不痛，趾尖部分合脚的要求。对于攀岩鞋来说，鞋底的磨损是非常严重的，为此就需要对鞋底进行必要的保护，具体方法为使用后将鞋底上的黏土、灰尘、小沙粒清理干净，放在凉爽的地方风干，绝不要暴晒或放在高温处烘干。

2.技术装备

（1）主绳

坠落是攀岩过程中最为常见的危险。为了防止坠落，就必须设置一条主绳系在攀岩者的身上。主绳为攀登者与保护者之间建立起一种连接，它的主要作用是攀登者无论因任何原因坠落时，都能保护好攀登者。为此，在每次攀岩运动开始前，攀岩者自己和负责保护工作的人员都要对主绳进行细致检查，以确保主绳的使用状态保持在最佳，切不可抱有侥幸心理而忽略检查。

攀登主绳在使用一定时期后就要对其质量和状态进行判断，具体标准为室内攀登训练用绳大约几个星期就需要更换；每个星期数次攀登，2~6个月需要更换；一个星期一次攀登，大约需要2年更换。

（2）绳套

绳套是一种在保护系统中做软性连接的装备。绳套主要有机械缝制和手工打结两种。机械缝制的绳套具有更强的拉力，最大拉力可达22千牛；手工打结的绳套耐拉强度相对较小，其最大拉力很难达到20千牛。

（3）安全带

安全带是穿在攀登者身上的用以承载因攀登者脱落或下降而产生的重量和冲

力的装备。这种安全带是一套安全组件,其中腰带是承受较大拉力的部分,其余部分如腿带等则为了舒适、便利而设计。

对安全带的选择要根据使用者的体形和体重进行。不同样式安全带的使用方法也有所差别,常见的安全带有可调式和不可调式两种。为了更加保险,每次在使用新型安全带时都要认真阅读使用说明,严格按照说明书的方法使用,特别是长时间使用安全带。佩戴完成后还要进行检查,如有问题立即明示,安全带保护套起毛或断裂,就应及时更换,确保问题得到解决后再进行开展攀岩运动。

(三)攀岩运动技术要领

1. 手的动作

在攀岩运动中,手部动作是非常关键的技术动作。可以说,没有手部动作,就不存在攀岩这项运动。手在攀岩过程中是抓握支点和维持身体平衡的关键,因此,参与攀岩运动需要有良好的手臂力量,反过来,经常参与攀岩运动的人可以使其手臂力量得到提升。

对攀岩运动的初学者来说,需要扎实掌握手的动作,根据不同情况,尽管是在同一个支点上,手的动作也有可能不同。

另外,还有一些常用的手部动作如下。

(1)抓握

抓握有些类似于开握,不同的是抓握需要拇指协同发力,可以用手掌去握住它。由于这种握法不仅仅依靠手指,所以还可以增加抓握的稳定性。

(2)紧握

紧握手法是四指并拢把拇指搭在食指上,通常只有第一指关节受力,紧扣支点;四指第一指关节弯曲程度超过90°,大拇指在紧握中提供较大的力量。如果紧握的支点过小,这样紧握时就会感到手指的肌腱被压迫得很疼。整个手掌的紧握可以增加抓点的稳定性,但这会增加手的疲劳感,因此只要找到了另一个合适的抓握位置,就可以更换。

(3)半紧握

半紧握方式与紧握相似,只是拇指吗,没有压在四指上。同样只有第一指关节受力,而且第一指关节弯曲程度超过90°。

（4）反扣

反扣动作是支点的可抓握方向朝下或与身体移动方向相反的握法。反扣动作更多的是靠手与手或手与脚之间的反作用来实现的。

（5）手腕扣点

手腕扣点是在大支点上放松前臂，再通过弯曲手腕曲握支点的动作。手腕的弯曲可以转移力量到骨头上，是较为理想的休息姿势。但实现这种握法的条件有限，在有比较大突出的支点上，这种动作应用很多。

（6）侧抠

侧抠的方式在有些可捏住的点可以用四指侧向拉住支点，大拇指压在支点的边上，拇指所压的方向与其余四指成90°。大拇指在这个动作中起到的更多是辅助的作用，使抓握支点更加稳定。

（7）抓点

岩壁上的有些支点是向外或向下的柱状点，对于这种支点就可以使用抓点的方法，使整个手掌充分与支点接触。

（8）手掌按点

手掌按点的使用是针对那些特别大的圆形支点。手掌按点可以最大化地增加手掌的摩擦力。这个动作的关键点在于要将手掌和手腕弯曲成一定的角度，使整个手掌充分与支点接触，从而增大摩擦力。这种方法在野外自然岩壁的攀登中的使用更为频繁。

（9）捏握

捏握是由大拇指与其余手指共同完成的手法。一般的捏握中大拇指捏的方向与手指的方向是相对的。有些可捏握的点可以让大拇指压在支点的一边，压的方向与四个手指拉的方向成90°。但如果遇到的支点很小，就只能用拇指和食指的第二关节外侧面去捏握。

（10）侧握

侧握的手法和侧抠、捏握手法较为类似，不同之处在于侧握手法中的拇指几乎不发力。侧握的使用通常在于保持身体平衡，另外在一些需要侧身的动作中也有被使用。

（11）前臂勾点

在面对较大支点时可以使用前臂勾点的手法。这种手法是用肘关节夹住支点，利用大臂的力量再与脚部动作配合。这种手法更多也是用于短暂休息时。

2. 脚的动作

除了攀登岩面大于 90°的岩壁，脚的动作始终是攀岩的主要技术。常用的脚法有蹬、钩、挂、塞、挤等。

（1）踩

在踩点时首先要观察好点的面积，实际上这些点的面积并非越大越好，而是尽可能找寻到有利于发力踩踏的点。具体来说，踩的方法主要为正踩、侧踩和鞋前点踩三种。

正踩是指使用鞋尖内侧边拇指处踩点。这个动作的用处在于可以依靠增加攀岩鞋与支点之间的压力来增大摩擦力，那么抬高脚跟就可以将身体的重心最大化地转移到脚尖，以此来实现增大脚尖部位与支点的摩擦力的目的。

侧踩是指用攀岩鞋的前脚掌外侧边四趾部位踩点。侧踩的原理与正踩类似，都是以增加压力来获得较大的摩擦力，为此，在侧踩时也应尽量抬高脚跟。

鞋前点踩是指使用攀岩鞋的正前方部位踩点。这种踩法更多是用来面对那些面积较小的点或是指洞支点时使用。

（2）摩擦点

尽量让鞋底与支点最大面积地接触，借此获得更多的摩擦力。为此，这种踩点就需要较多地用到攀岩鞋的内外侧边，如果可以还要使用到整个前脚掌，以增加接触面积。踩点时脚跟要适当向下倾，使踩点时更加牢固，同时也正好与正踩和侧踩相反。由此可见，摩擦点动作最适合身体悬空时使用。

（3）脚后跟勾

脚后跟勾通常出现在屋檐的翻出部位上，就是指用脚勾住支点，把鞋后跟放在一些合适做这种动作的支点上，脚的后跟挂住支点的动作。在钩的过程中，伸腿、屈胸，向上直到脚能勾到支点，腿部发力将身体勾向勾点的方向，以减少手部所受的力量，达到省力的目的。为了完成这个动作，需要攀岩者具有一定的灵活性和柔韧性，而且需要更多的实践才能运用自如。

（4）交换脚

如果岩壁上的支点较少，就需要经常使用交换脚技术。交换脚技术的完成方法为在移动脚之前确定自己要踩到的脚点，判断支点的性质，包括点的大小、方向和位置。尽量选择那些落脚点低于落手点的点。然后准确落脚点的最佳位置，并且保证力量相对集中，然后再将重心平稳过渡到另一个脚点，最后确保脚的绝对平稳，移动时以脚踝为中心减少上身的运动。需要注意的是，移动可能会导致脚滑出支点，为此就需要格外注意保持脚的平稳，特别是发力时的平稳。

（5）交叉脚

交叉脚是当一只脚踩踏支点时，另一只脚从身体内侧或外侧交叉穿过踩踏线路中下一支点的动作。由于交叉脚后要移动身体重心，所以在此之前务必要预判好下一个动作。同支点的交叉也是交叉脚的一种，当遇到较大的脚点时，可以用脚踩踏支点的一侧，另一只脚交叉踩踏支点的剩余部分，完成交叉脚的动作，这与前面交叉手是同一种方式。交叉脚也会分为内交叉和外交叉两种，具体采取哪种方法需要根据实际情况而定。

三、徒步穿越基础知识

（一）徒步穿越的定义

徒步穿越，是指规划区域里主要依靠徒步行走，完成从起点到终点的穿越里程。徒步穿越中可能遇到的地形包括群山、丛林、沙漠、草地、河川乃至雪原。徒步穿越因富于求知性、探索性、不可预见性等特点深受现代热衷时尚休闲运动人士的喜爱。

野外徒步穿越对运动者的户外综合技能有着较高的要求。为此，运动者首先就要具备出色的体能、稳定的心理素质以及过硬的意志品质。如果是团队进行徒步穿越，还要拥有良好的团队意识和协作精神。为了顺利完成穿越活动，需要在每次活动开始前制订一份详细、缜密的穿越计划，计划中应包括对徒步穿越的区域的地形、水温情况分析，还包括天气、可能遇到的风险以及所需的装备、食物、药品等。

为了具备参与徒步穿越运动的能力，就需要对自身进行较为系统的训练，做好体能和心理两方面的准备，为此需要制订一个全面的训练计划，在耐力、力量、负重行走等方面渐渐增进。如果想获得体能耐力的提升，可以借助游泳、攀岩、长跑等训练来实现。

（二）徒步穿越的路况与方法

徒步穿越要面对的地形多是远离市区喧嚣的、绝对的自然环境。这些地区鲜有人迹、地形复杂多样，更不会有明确的路标和任何指示方向的标识。在这种环境下开展徒步穿越活动非常依赖地图、指南针等工具，此外还要有敏锐的观察力和对细节的洞察力。

既然是徒步穿越运动，就必定离不开行走的路面，路况、地形的好坏直接影响这项活动难度。如果穿越的路面太过复杂，不仅难度较大，甚至还可能给穿越者带来一定的危险。如能很好地掌握行走不同路面的技巧，在路上就会更轻松。为此，这里主要对徒步穿越中较为常见的几种路面情况及其行走方式进行分析。

1. 石板路面

（1）路面特点

石板路面大多出现在石质山崖、陡崖、石质断层之中，当然也有一部分石板路面是由人工铺设的。这种路面长期在户外环境下暴露，久而久之会有青苔，踩上去非常容易打滑，如果遇到雨雪天气走上去更易发生意外事故，轻则摔倒、崴脚，重则跌落和骨折。

（2）行走经验

在石板路面上行走，特别是雨后，应该选择相应的步行鞋，这样可以保证基本的防滑。在行走时，注意将重心保持正直，不要太靠前，如果有手杖此时也可以使用。如果背负的包较重，包的肩带应该放长，以使包的重心在中下部。下山时遇到石板路面务必要使用登山杖，身体重心略微后倾，脚的落点尽量踩在石板之间的缝隙。两人以上的团队行走时需要保持一定的距离，以此避免一个人的跌倒带倒许多人的情况。雪后在这种路面上的行走需要使用较为专业的四齿冰爪，如果没有，那么在行走时，脚的落点应为路旁树根或草木，而且仍旧需要登山杖的辅助，或是寻找长度大小适合的树枝、木棒来替代登山杖的功能。

2. 跳石路面

（1）路面特点

跳石路面实际上并没有明显的路，之所以叫"路"，主要是由于山谷沟壑经长期雨水冲刷和山洪暴发形成的开始有"路"的特点的路。或有路但周边是农地，农户在耕作时将地中石块分拣抛出，堆积于路面上，长此以往使一条原本没有路的区域形成了路。在这种路面上行走，需要在石头、细沙、小溪、巨石之间躲闪前行。

（2）行走经验

面对跳石路面首先要调整好心理状态，集中注意力。如果在雨季中，或预测到大雨即将来临，就应尽量避免选择跳石路面作为主要行进路线。在一般跳石路面行进前，应准备好厚硬底的登山鞋，并且检查鞋带是否系牢，然后把背包肩带和腰带拉紧，让背包紧贴背部，以免跳跃时背包晃动。开始行走后，在照顾到脚下的落点时，还要顾及下一"跳"的落点，选择落点时最好选择那些看似有前人走过并留下痕迹的石头。如果鞋底逐渐沾上了很多泥沙，则需要暂时停下稍做清理后再前进。

3. 泥土路面

（1）路面特点

在户外遇到泥土路面的概率很大。此类路面为石头风化和没有植被覆盖的地面经过人们长时间踩踏形成的。泥土路面的行走难度较大，特别是雨季时，这种路面的行走难度就更加增大，使穿越者的体能消耗也相应提升。

（2）行走经验

泥土路面无论是在其泥泞时还是在表层被晒干后都有行走困难的情况。泥泞中的泥土路面为了克服泥泞，穿越者需要不停地调整身体重心，保证不会滑倒。而泥泞表面被晒干时，其表层下面依旧水分很多，此时下山就会增加危险。为此，在这种路面上行走时每一步都需要确定鞋底牢牢抓地，并且要更多地利用登山杖的辅助作用。如果是在温度接近 0℃ 的地方，还要注意泥泞路面的结冰，这时就更需要小心谨慎一些。遇到这种情况上下山时要充分利用登山杖和可以攀扶的东西，注意攀扶物体时要先确保该支点是牢固的。

4. 灌木丛

（1）路面特点

灌木丛的种类很多，常见的包括自然灌木丛和人工造林灌木丛。在户外进行穿越活动更多遇到的是自然灌木丛。有些灌木丛中的灌木高度较为低矮，这种灌木丛所处的地质状况为土质湿滑松软，可能会有沼泽隐秘其中，危险性较大。

（2）行走经验

在灌木丛中行走要戴上眼镜、帽子，并将上衣的拉链拉到最高处。如果是多人行走要注意保持适当的距离，以防止前面队员行进挪开的树枝反弹回来伤到其他成员。在前面行走的成员在遇到一些情况时应随时提醒后面队友。鉴于有些灌木丛较为浓密，成员之间的距离也不应太远以免彼此迷失，为此，有过灌木丛穿越经历的人应走在队伍的靠前位置。

在灌木丛中行走时还需要注意的是有些灌木带刺、部分区域蚊虫较多，有的地方还有蛇、蝎子、蜈蚣、大蚂蚁等生物出没，因此要做好必要的防蛰防咬准备，一双高帮防滑鞋底、纹路大且凹凸较深的丛林靴就显得非常重要，服饰的选择也要尽可能地穿长袖、长裤，同时还不要忽视了对脸部的保护。

在灌木高度较高的灌木丛中穿越时，还需要戴上手套，穿长袖高领防刮衣裤。行走时尽量选择那些土质扎实、不滑、较宽的路，最好扶着枝干新鲜且可以支撑手力的活树枝，换手扶枝要牢固，落脚时需要确定脚下的稳定，然后再松开手落稳重心。

5. 雪地

（1）路面特点

雪地路面的特点在于受到积雪的掩盖，很难对雪下的真实地面情况有正确的判断，因此情况更为复杂。积雪导致湿滑，阻力较大，给在上面的行走活动的运动者带来很多麻烦。

（2）行走经验

雪地穿越的最关键在于保持较小的步幅且步调稳定有节奏，如果随意改变行走节奏则可能会打乱体能的合理分配，会很快出现疲劳现象。行走在积雪厚度超过鞋子的雪地中时，并不会影响正常的行进，按正常的行走方式前进即可；但如果雪深达到膝盖，仅仅是移动就已经相当耗费体力了；若积雪深及腰部，就得用自己的脚和腰推开挡在面前的雪，采取步步为营的走法，即所谓"除雪前进的方法"。当然，如果真的遇到这种厚度的雪的话，还是终止此次穿越活动为宜。如必须前进，则可以将自己的身体（尤其是上半身）倾向前行方向，靠自己的重心和自己的体重推开雪往前进。若数人结队行走于膝盖以下程度积雪的雪地，脚步需与领头队员的脚印重叠前进，这样可以最大化地减缓整个队伍成员的体能消耗。在松软的雪地上长时间行走时，要跨大步，缩短在雪地行走的时间。行走时要先把脚往后稍退一点，这个动作的意图是使雪鞋前有活动余地。

如果在穿越雪地时遇到雪坡就会更加棘手一些。这里的注意点包括防裂隙，还要注意不要将雪蹬塌。攀登坡度很大的雪坡时，一定要两脚站稳后再移动。向前跨步，要用两前脚掌踏雪，踩成台阶再移动后脚。如果不慎滑倒，要立即俯卧，防止下滑。

（三）徒步穿越技术要领

徒步穿越富于求知性、探索性、不可预见性等特点，穿越者必须掌握相关野外生存知识与技能，去应对千变万化的野外情况。

健康的体魄与良好的体能储备是徒步穿越最重要的条件之一。这些方面没有捷径可走，必须制订一个适合自己的体能训练计划，在耐力、力量、负重行走等方面渐渐增进，体能耐力训练可以游泳、爬山、长跑、骑自行车，力量训练可以每天坚持做俯卧撑、举哑铃、仰卧起坐、引体向上。

徒步行走听起来好似更多是通过下肢的行走来完成，但实际上完成这项运动需要全身的配合。在行走过程中要不断控制节奏，走而不喘，脉搏尽量不要超过120次/分钟是较为合理的节奏，不要时快时慢、时跑时停，尽量保持匀速。行走时对背部的要求是肩沉背挺，用腹部深呼吸，全脚掌触地。

穿越刚开始的时候速度不宜太快，此时的行走更多是用来使身体进入到运动的状态，也就是"热身"，5～10分钟后再逐渐加快步伐。团队穿越时队员之间要始终保持一个合理的距离，这个距离的长短视穿越的地形和环境而定，常规地形的距离通常为2～3米，这样可以避免有人因各种原因暂停时，暂停队员与前进队员不会互相影响。暂停人员与队伍的安全距离一般在白天不能超过10分钟或者200米，夜晚必须在5分钟或者20米以内。特别要注意的是，徒步穿越是一项具有挑战性和一定危险性的户外运动，不是轻松的春游活动，因此在行走中要时刻保持高度集中的注意力，严禁嬉戏打闹。

在上坡时，应将身体重心放在脚掌前部，身体稍向前倾，下坡时重心稍向后仰，同时降低重心。为尽可能地节省体能，缓解腿部疲劳，在上下坡时应按"之"字形前进。而手部在这一过程中应攀拉周边可能存在的一切石块、树枝、藤条等，当然在借助这些物体时首先要试拉一下，检验该物体的结实程度。

通常徒步穿越活动的耗时较长，这其中就必定要安排休息时间。休息时间的安排需要秉承科学合理的原则，绝非随机而定。一般的休息安排是长短结合，短暂休息居多，长时间休息较少。短暂休息的时间一般在5分钟左右，这种休息不用卸下背包，甚至不用坐下，目的是调整呼吸、缓解腿部疲劳。如需要长时间休息，则时间以半小时左右为宜，休息时可以卸下装备，先做一些放松运动再坐下。

徒步行走对体能的消耗较大，行走过程中也会排出大量的汗液，为此带足饮用水就是非常必要的。根据成年人正常的每日摄入水的标准来看，参加徒步穿越的穿越者每人每天应携带3升的水，如果天气炎热干燥还应适当多带。如果路途中有确定的水源地，则可以适当少带以提升行进的便捷性，不过在使用水源前应首先测试该水源是否适宜饮用，如果适宜，在饮用前也还需要进行必要的过滤。饮水以少量多次为原则，定时补水。一般的徒步等户外运动消耗水分的补充方式以每15分钟200毫升为宜。身体内的水分是否充足适当可从每次的排尿中判断，判断方法为观察尿液颜色，如果尿液呈深黄色，微感口渴，脉搏速度正常为轻微脱水症状；尿液呈暗黄色，口内黏膜干燥，口渴，脉搏速度加快且弱为中度脱水症状；重度脱水症状为无尿液，脸色皮肤苍白，口渴昏睡，脉搏快而无力，很弱，此种状态下需要紧急补水，再无水分补充则可能危及生命。

四、山地自行车基础知识

（一）山地自行车概况

1. 山地自行车的起源

自行车是我们最常见的人力交通工具，骑上山地自行车，征服艰难的路段总能让人产生一种成功的喜悦。20世纪初期越野赛跑应运而生，随着30年代初期第一个大车轮的制造，自行车在街道旁边行驶就容易得多了，当今的山地自行车运动是20世纪70年代初期才在农村逐渐发展起来的。如今，山地自行车已发展成为一项单独的赛事，山地户外挑战赛中也少不了山地自行车的赛段。

20世纪70年代早期，美国加利福尼亚州的塔马尔帕伊斯是这一运动公认的发源地，加里·费歇尔、查里·康宁安、基思·班特杰、汤姆·里奇等，常常被尊奉为山地自行车运动的奠基人。每年都有成千上万山地自行车运动爱好者来到这里，朝拜那些勇于挑战传统、意志坚定的运动发起者们。这些先驱者把老式的游览用自行车和配有充气轮胎的自行车改造成能够在高低不平的地面上行驶自如的人力车，1979年凯利在《外面的世界》杂志上发表了第一张山地自行车的风景照，这对新的体育潮流的出现起到了决定性的作用；汤姆·瑞奇于1978年底制造出了他的第一辆山地自行车；1979年，一家以"瑞奇山地自行车"冠名的公司成立，这就是山地自行车这个名称的来历。

2. 山地自行车的发展

山地自行车产生以后，山地自行车比赛也被国家运动协会接受。并且随着比赛的不断发展，山地自行车运动也得到了一定的发展和改进。

1983年美国举行了山地自行车冠军赛。并且在该次比赛中，女子山地自行车水平让世界震惊。

1987年，在法国举行了一次非正式的山地自行车比赛。1988年便正式在欧洲举行比赛，德国的根德电气制造公司组织的全欧"根德挑战杯"赛，紧接着又于1991年举办了"根德世界杯"。根德公司为山地自行车运动的迅速发展创造了良好的条件和环境，并且为山地自行车的发展作出了极大的贡献。

1990年9月，24支国家自行车队在美国科罗拉多州多伦哥市参加了第一次正式的世界比赛。在越野和下山比赛中分别设置了3枚奖牌。1991年举行了首届"根德世界杯"。

1996年，山地自行车越野赛成为亚特兰大奥运会的正式比赛项目，这标志着山地自行车最终在体育界有了一席之地。这是山地自行车历史中的一个里程碑，比赛在观众巨大的欢呼声中举行，并向全世界进行了转播，在那天，山地自行车骄傲地出现在大众面前。

（二）山地自行车骑行装备

为了舒适地骑行，我们应准备一些必要的装备。装备的舒适程度与实用性决定车手能否充分地享受这一运动。这些常用骑行装备包括如下内容：

1. 骑行服装

在山地自行车运动中随时都会遇到恶劣的天气，因此，必须准备能防风、防雨的服装，尤其要注意防御寒风。中医认为风是最危险的，风使毛孔张开，大多数情况是在一段时间之后才让人生病，例如慢性关节炎、肩痛、背痛、支气管和呼吸系统疾病都是典型的由风引起的疾病。如果骑行时没有充分的保护来抵御骑行中的寒风，其后果是不堪设想的。有经验的运动员深知风的危险，并学会了怎样避开它。只有那些没有经验的运动员会在寒冷的天气穿短裤训练。下山的时候要穿上随身携带的风衣，积极防雨也很重要。遇上恶劣的天气时，如果有好的雨衣也能照常进行训练。这种雨衣由内外两层高级合成的纺织纤维构成，内层吸汗，外层存热，因此它能使体温总是保持恒定。一件透气性好的雨衣是每个山地自行车运动员必备的。

2. 手套

一副好手套的重要性仅次于骑行鞋，它可以保证在任何天气中或任何地面上都能使车手紧紧地握住自行车车把，同时还能够防止手掌起泡，使之保持舒适。一旦摔倒，车手通常手先着地，这时手套还能起到保护手上皮肤、防止手掌严重擦伤的作用。手指较长的冬用手套还能防止双手在比较冷的天气中抽筋。

3. 头盔

头盔是山地自行车运动员的必需装备，因为只要进行山地自行车运动就有很大概率会摔跤。虽然大多数时候摔跤对身体不会造成很大的损害，但有时还是会出现头被擦破的情况，因此头尤其需要保护。头盔不仅能够救人性命，而且没有头盔也是不允许参加自行车比赛的。为了能让头盔最大限度地发挥保护作用，其大小必须合适。新购买的头盔的缚带和衬垫需要进行调整，目的在于保证头盔戴在头上比较舒适。同时还要保证购买的头盔必须经过安检部门的检验并配有合格证。

4. 护眼镜

一副好的运动眼镜虽然不便宜，但是能有效地防风，防止异物进入眼睛以及防止过强的阳光照射。特别是在高速行驶的情况下，好的运动眼镜就显得尤其重要。除此之外，一副好的护眼镜不仅不容易破碎，能起到护罩的作用，从光学角度来讲也应该非常完美。选择护眼镜时，最重要的是重量轻，戴着舒适，镜片适合各种光线。同时还需要准备一条细绳挂在脖子上，以免摔倒时把眼镜甩出去。骑车时，当镜片被泥浆挡住，或者由于天气冷，镜片被水汽覆盖住时，需要把护眼镜摘掉。

5. 骑行鞋

有助于提高车手水平的另一个重要的因素就是购买一双质量较好的骑行鞋。硬挺的骑行鞋不仅穿着舒适，还有助于最大限度地传送能量，减少骑车过程中的体力消耗，避免因为鞋底过软而造成的不适。选用带踏脚套的脚镫，再购置一双质量相当不错的骑行鞋，即使骑行条件比较恶劣，也应该能够对付。只要脚暖和，就能应付各种天气，也不会轻易着凉。冬季穿的运动鞋不要太小，应让脚有足够的活动空间，保持顺畅的血液循环。鞋袜应高于脚踝，以保证运动的稳定性。

6. 饮水装置

体内水分的减少有可能会严重影响车手的表现。在任何形式的消耗体力的运动当中，及时给身体补充水分是非常重要的。普通的水瓶也能够满足这一需求，但水瓶在自行车越野运动中用起来会不方便，因为水瓶有时会从瓶套中掉出来，最糟糕的是瓶嘴极有可能沾上泥巴。用水包是最佳的选择，坚固耐用，可以不用手就能饮水。一些饮水装置的外面还常常有用来储存食物、工具、钱币等各种物品的口袋。这种附属装置绝对是物超所值。

7. 气筒

用脚踏式气筒比较省力，气筒上的压力表还能显示充气的数量。不过任何一种气筒，都必须放在带拉链的袋子里，或者紧紧地固定在车架上，以确保安全。目前，在市场上也能买到很多种质量上乘的双管气筒，使用非常方便。

（三）山地自行车骑行技术要领

1. 应对不同地形的骑行技巧

自行车越野运动的挑战性主要来自车手能否应付各种地形。

（1）多石的地面

在岩石较多的地方骑车，平衡性不好把握，自行车很难控制。车手必须运用各种技能，骑在车上的时候要尽量放松，还要学会挑好走的路走。在多岩石的地面上骑车,最好的部分就是要像冲浪一样"随波逐流"。下行时根据路况,要放开胆子,凭借着一股冲劲,以较高的速度,迅速穿过去。车速越快,地面也就显得越平坦。但是,在这之前必须仔细研究这里的地形。

在多岩石的地面上骑行,车手会随着自行车左右摇晃,如果距离不是太长,应采取俯卧的姿势,降低身体的重心,把自行车控制住。这样,一方面能够比较灵活地使自行车保持平衡,同时双腿还能更好地发挥杠杆作用,使前轮保持平稳。肘部下垂还可以防止前轮上翘。要想改变骑车的方向,车手只需要把身体的重心从一侧移动到另一侧,再轻轻地推动自行车朝着某个方向前进就行了。

(2)泥泞、杂草丛生的地形

在旷野骑车随时会遇到满是泥浆的路面、杂草丛生的地形,车手要有思想准备,也要掌握一定的技巧。

骑车外出不可能总会遇到干爽的天气,在遇到满是泥浆的路面时,不要回避,要去勇敢地面对。要知道,在下坡或爬坡的过程中,滑倒是不足为怪的,扛着自行车走也是经常的事情。车轮与车架接合的地方很容易积满泥巴,泥巴更是常常粘在轮胎上,致使自行车寸步难行。如果有水,从水中骑过去,可以去掉泥巴,使问题有所缓解。遇到大面积的沙地、泥浆和水时,要保持身体的重心离开前轮,落到鞍座的后部。尽量不要刹车,因为刹车会减少轮胎与地面之间的摩擦力。也不要挺直后背,不然会失去控制。把自行车调到比较省力的齿轮上面,让前轮从沙土、泥浆和水面上方轻轻地"飘"过去。

如果经过的地方植被比较浓密(例如森林中铺满树叶或小草的地面),自行车骑起来会比较费劲,但一定不要用力太大,以免弄得自己心跳加快,筋疲力尽。有时这种地形还会使轮胎同地面之间的摩擦力减小,车手要像对待泥泞地形一样来对待这种地形。在这种情况下骑车,需要对自行车及其相关部件的操作规程做一些调整。安装适于在泥泞环境中使用并能增加与地面之间摩擦力的轮胎。

(3)坚硬的地面

在比较硬的地面上骑车最省力,骑起来也最舒服。这种地面就同公路一样,有时候比公路还要好——阻力小,车轮滚动的速度快。但是,如果地面比较潮湿或者上面覆盖着一层沙砾和树叶,就需要谨慎小心,注意降低和稳住重心,因为这种地形往往非常滑。

（4）坡路

自行车运动是在山地中骑车，因此爬坡成了不可缺少的一部分。正确的骑车技巧有助于车手成功地应付各种各样的山道。能否驱动自行车向前、向上运动，取决于两个关键性的因素：一是动力传动系统的运转与力量的大小；二是车轮与地面之间的摩擦力。动力传动系统的运转与力量的大小同车手身体的强健程度和力气的大小直接相关；摩擦力则与骑车技巧、自行车轮胎的类型、车手身体的重心位置以及轮胎的压力有关。

短而陡的坡，运动强度很大。高强度运动持续的时间可能比较短，关键是车手要保持正确的骑车姿势。要想冲上坡顶，就应在助跑阶段积累足够的冲力。一般情况下，急转弯以后紧接着就要爬坡。这时，车手一般没有冲力，但一定要保持相当的牵引力，最好的办法是保持正确的骑车姿势，把身体的重心移到后轮上，不过前轮上也要保持足够的重量，以防自行车前翻。

遇到很长的上坡，由于运动强度和骑车技巧与爬陡坡时不同，应根据自己的体力状况及时调整传动比，也就是调节蹬踏用力时省力的齿轮来保证车子能快速前进，不能等到骑不动车和速度完全降下来时再改变传动比，应坚决避免重新启动的现象出现。坡路较长或有陡坡时，可适时使用站立式骑行方法，调节用力部位，让部分肌肉得到休息。

下坡时，车手应该牢牢记住的一句名言是：骑得越快，路面显得越平坦。下坡骑行要勇敢机智，胆大心细，精力集中，两眼密切注视前方路面，随时准备果断处理路面上出现的任何情况。不仅要充分利用车子运动惯性滑行，重心后移，以手臂完全伸直为宜。同时，上体前倾、下压使胸部降到鞍座的高度。

没有了解前面的地形之前，下坡的速度不应该太快。车手需要熟悉途中有什么障碍，以便能够安全地绕过去。即使对当地的地形比较熟悉，但最近没有在这里骑过车，尤其是近期天气不好时，车手必须先仔细地观察一下地形，以免比较危险的意外事故的发生。

下坡骑行过程中，免不了车速过快或有意外情况出现要使用刹车，这时应主要使用后闸。如果后闸达不到理想的刹车效果，可以轻轻地按动前闸，但不要把前轮完全锁住。在下坡时最好不使用前闸，因为一旦摔倒，从自行车上往后摔要比从车把上向前甩出去安全得多。

（5）弯道

过弯道时技术要求：转弯前要控制车速。用点刹的方法逐渐减速，尽可能前后闸同时使用，进入弯道后将闸放开，转弯时，身体和车子要保持一致，向里倾斜，上体和车子保持一条直线，以克服离心力。倾斜角度根据速度和弯道大小而定，但一般不得超过28°，否则就有滑倒的危险。转弯时，车手还可以像专业摩托车手那样使内侧的膝盖触地。如果弯道不是太急，并且脚离地面还有足够的距离，可以再踏几下脚蹬，以进一步提高车速。有些车手喜欢使外侧的脚镜处于低位，并用脚使劲踩住，以减少鞍座所承受的重量。这样身体可以充分放松，同时又能增大内侧脚镣与地面之间的距离，但这样做会影响平衡性。向下按压内侧的车把，以增加前轮同地面的摩擦力。

2.骑车过石块、圆木的技术

遇到比较大的石头、圆木时，最好避开，从旁边绕过去。要想从上面越过去，则要看石头、圆木后面是否有足够的空间，自行车落地时是否安全。如果自行车速度较慢，石头又比较大，就需要特殊的骑车技巧。靠近大石头、圆木时速度要放慢一些，同时要选择动力传动速比比较大的齿轮。一般链轮、飞轮应选用中号的，比较小的石头或细圆木可以利用"齐足跳"技术跳过去。

为了便于了解和学习掌握，这里将前轮离地过"坎"技术的具体方法分为三个步骤，具体如下：

第一步：就在前轮要碰到障碍物的时候，向上猛拉车把，通过动力传动系统用力，就像自行车前轮离地时的平衡特技一样。需要注意的是，前轮抬起来后，其高度以能够爬上圆木和石头边缘为宜。

第二步：等前轮安全地落在圆木上面时，身体重心尽量前移，保持前冲力，并迅速移动身体，卸去后轮上的所有负重。

第三步：继续蹬踏，让后轮落在障碍物的上面。由于车手身体大部分重量落在前轮上，并保持着一定的前冲力，后轮能够爬到圆木顶部。此时，将重心后移，恢复正常的骑车姿势。

3.骑车过沟壑技术

穿越沟壑时，要尽可能地使自行车保持水平状态。如果被卡在沟中，轻则产生会撞击，重则会损坏自行车。具体要根据实际情况和需要，有针对性地调整技术方法。

过一般沟壑的技术方法：小沟可以跳过去，如果沟比较宽，可以从沟底骑过去。前轮碰到沟边时，先把身体重心后移，使之离开前轮，然后推动前轮下到沟内。等到了对面的斜坡时，再提起前轮并从沟中冲出去。身体重心前移时，要继续蹬踏。这一技巧与跨越比较大的石头所用的技巧相似。不过，这里不是从障碍物上面跃过去，而是从沟底冲出去。

过"V"字形沟壑时采用的技术方法：由流水冲刷而成的"V"字形沟壑是比较难对付的地形之一。这种沟通常宽约50厘米，最深处也在50厘米左右。通过时，最简单的方法是把自行车从沟上面扛过去；最好的方法是在跨越沟壑时运用前轮离地平衡特技，后轮碰到沟底时身体重心稍微前移，同时继续蹬踏，直到冲出沟底。

4. 在土质松软的斜坡上重新发动自行车技术

一旦自行车在斜坡上停了下来，重新起步并非一件易事。一般来说，这时候可以采取的方法主要有两种，具体如下：

方法一：车手必须下车，向前走几步，或者向后退几步，选择合适的地点重新发动。所选择的地方必须地势平坦，摩擦力大，比如说一块比较平整的岩石。同时，选择传动速比不是太大的齿轮，只要能够应付当前的情况就行。如果太大，自行车还有可能会"抛锚"。选择好合适的齿轮以后，利用力量比较大的那条腿蹬动自行车，同时按住车闸。均衡用力，慢慢地松开车闸。等自行车开始向前运动时，再平稳地用力、加速，直至回到预定的车道上为止。

方法二：把自行车斜停在车道上，等发动起来以后再把车头掉过来。

第二节　冰雪户外运动

依托冰雪资源发展起来的冰雪运动集健身、休闲、娱乐、教育等多元价值于一体，充满趣味与挑战性，是近年来世界各地开展较为广泛的一项户外运动，受到很多户外运动爱好者的喜爱。世界各国普遍重视冰雪运动的发展，这类户外运动在我国已成为提升冬季运动项目竞技水平的重要路径，颇受关注，且群众基础广泛。为更好地发挥与实现冰雪户外运动的教育价值，本章重点对冰雪户外运动实践方法指导进行研究。

一、滑冰运动基础知识

常见的滑冰运动有速度滑冰、短跑道速度滑冰、花样滑冰、冰球等项目，本节重点对短跑道速度滑冰和花样滑冰的基本技术指导进行研究。

（一）短跑道速度滑冰

短跑道速度滑冰是以身体素质、心理素质、身体机能、智能能力、技能水平等条件为基础，以战术运用为灵魂的体能类竞速性的冰上运动项目。这项运动是相对于速度滑冰而言的，其使用的跑道比速度滑冰使用的跑道短，所以在速度滑冰的基础上将此称作短跑道速度滑冰。

在全国性的短跑道速度滑冰比赛中，比赛场地冰面最小面积是 60 米 × 30 米，采用周长 111.12 米的椭圆形跑道，直道宽度至少 7 米，弯道弧顶与板墙之间的距离要大于等于 4 米，弯道弧度匀称，从一条直道终端到另一条直道起端。除标准跑道外，另外还对四条跑道进行了设置，每条跑道朝标准跑道的任何一个方向移动 1 米（或 2 米）的距离，所有跑道共用一条终点线，比赛场地上这样设置跑道是为了保证冰面的质量。

短跑道速度滑冰标准场地规格，如图 4-2-1 所示。

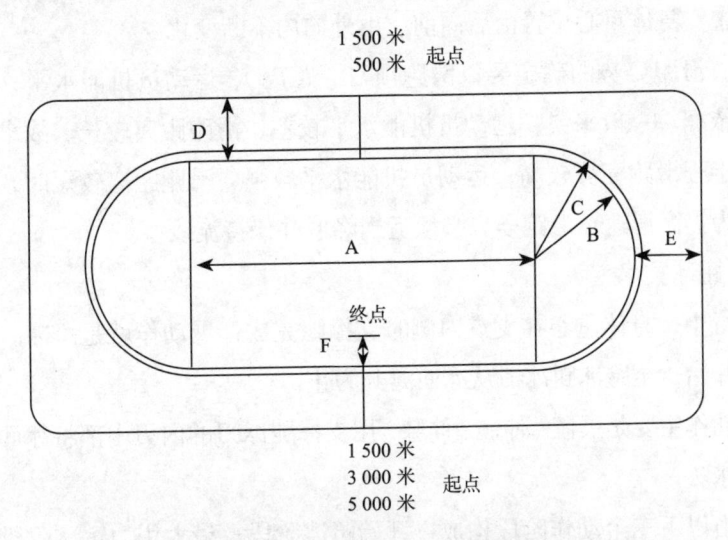

图 4-2-1　短跑道速度滑冰标准场地

冰场众多的设备中，浇冰车、制冷设备、防护垫子和板墙等都是必要的设备。

板墙和防护垫是非常重要的比赛设备，主要作用是保护运动员安全。板墙的制作材料主要是木质，防护垫的制成材料主要是海绵。防护垫要将板墙全部遮住，并与板墙保持一样的高度。

1. 直道滑行技术

（1）基本姿势

流线型蹲屈姿势，上体向前倾，髋、膝、踝关节弯曲。躯干纵轴线与支撑大腿纵轴线形成45°～75°的夹角（"髋角"）；支撑大腿纵轴线与支撑小腿纵轴线形成90°～110°的夹角（"膝角"）；支撑小腿纵轴线与水平线形成50°～90°的夹角（"踝角"）。

第一，头稍抬，保持放松状态，便于观察，视野范围较大。

第二，肩、背比臀稍高，两肩平行，身体放松，弓背，躯干纵轴线与滑行方向一致。

第三，手臂放松，置于身体两侧，两手在腰间互握或两臂在身体两侧前后摆动。

第四，开始滑行时，身体重心投影点应落在支撑冰刀偏后位置。支撑滑行阶段，重点利用冰刀中后部，这有利于阻力的减小和身体的平衡，可提高蹬冰效果。滑行过程中，身体重心位置由后向前、由外向内不断变化。

第五，滑跑姿势的确定要以滑跑项目（距离）、运动员机能水平、战术需要等因素为依据。一般来说，运动员机能水平较差、滑跑距离较长、战术需要较显著时，前半程滑跑姿势较高；运动员机能水平较强、滑跑距离较短时，滑跑姿势较低时，为提高滑速，滑跑姿势必须适当降低并保持流线型。

（2）蹬冰技术

在滑行中，身体重心在支点内侧时支撑腿完成伸展动作就是蹬冰。蹬冰应从建立支点开始，至蹬冰腿冰刀从冰面离开为止。

蹬冰动作主要是展髋、伸髋、伸膝，用支撑腿冰刀的内刃中部将冰面"咬住"，向侧面蹬冰。

蹬冰由以下三个动作阶段构成：开始蹬冰阶段；最大用力蹬冰阶段；结束蹬冰阶段。

（3）收腿技术

在短道速度滑冰中，动作技术具有周期性，收腿是其中一个非常重要的阶段，一般从蹬冰腿蹬冰结束后进入收腿阶段，收腿直到与支撑腿后位的某一点接近。在滑跑过程中，收腿环节可促进肌肉放松，维持身体平衡。

收腿技术包括以下几个要点：

第一，迅速收腿，以建立起新的平衡，使周期动作时间缩短，使蹬冰腿积极蹬冰。

第二，准确完成收腿动作，避免后引腿幅度过大。

第三，收腿动作的完成要对充分放松浮腿肌肉群有积极作用，使机体持久工作。

（4）下刀技术

从收腿动作结束到浮脚冰刀触及冰面这个阶段的技术就是下刀技术，包括向前摆腿动作和冰刀着冰动作两个动作阶段。

下刀技术有以下几个动作要点：

第一，向前摆腿屈髋时，上体保持平稳，头稍抬，上体平行于冰面，重心稳定。

第二，前摆腿动作要加速完成，与蹬冰腿的积极蹬冰相配合，同时将滑行周期时间缩短。

第三，前摆腿动作与收腿、冰刀着冰动作自然紧密地衔接，动作放松，避免停顿。

第四，着冰位置准确，尽量向支撑腿靠近，身体保持平衡。

（5）自由滑行技术

蹬冰动作完成后，新支撑腿支撑滑行到再次蹬冰的滑行过程就是自由滑行。发挥向前冲滑的惯性，维持身体平衡，为再次蹬冰创造条件是这一技术的主要任务。

自由滑行技术由外刃支撑滑行、平刃支撑滑行和内刃支撑滑行三个动作阶段构成。蹬冰结束，冰刀从冰面离开后，开始进行单支撑自由滑行，全部体重落在新支撑腿上，支撑冰刀随重心的变化而移动，由外刃向平刃过渡。此刻进入相对的稳定平衡阶段，在收腿和摆臂的协调下，重心向内移动，平衡被破坏，建立蹬冰角。此时向内刃支撑滑行过渡，做好蹬冰准备。

（6）摆臂技术

摆臂具有调节身体平衡、加强蹬冰、使身体协调运动及实现战术目的等作用。

在直道滑行中，短距离项目一般是采用双摆臂技术，长距离项目则多用单摆臂技术，有时在后程也用双摆臂技术，单摆臂主要是右臂摆动。摆臂动作幅度较小，两臂以肩关节为轴前后自然摆动。手半握拳向前摆到颌下，向后摆到平行于躯干。

摆臂方向与躯干纵轴线形成 40° 夹角。摆臂的节奏、速度与蹬冰腿协调，臂、腿要做好配合，即蹬冰腿同侧臂向前摆、异侧臂向后摆。

（7）配合技术

在滑跑过程中，配合技术的作用主要表现为联结、协调、促进和带动。

动作配合主要由两腿间配合、身体与腿的配合、臂与腿的配合三个方面构成。

2. 弯道滑行技术

在短道速度滑冰运动中，弯道滑行这一技术最重要，弯道滑行技术由弯道滑行基本姿势、蹬冰、收腿、下刀、摆臂及全身动作配合等几方面构成。

（1）基本姿势

上体前倾，髋、膝、踝三关节弯曲，身体向圆心倾斜，鼻子与支撑腿膝关节、刀尖位于一个纵轴平面，倾斜幅度较大，形成 30°～40° 的蹬冰角。左臂自然下垂，右臂向前后方向自然摆动，手指轻触冰面，重心尽可能落在冰刀中部位置。

（2）蹬冰技术。

左腿蹬冰：主要动作是伸髋、伸膝、髋关节内收。

右腿蹬冰：主要动作是伸髋、展髋及伸膝，辅助动作是伸踝。

（3）收腿技术

左腿收腿：主要是屈髋、屈膝，辅助动作是背屈踝关节，以膝关节领先，左踝放松，冰刀向冰面贴近并向左上方提拉腿，左腿收到支撑腿左侧合适的位置。

右腿收腿：主要动作是内收、屈髋、屈膝，辅助动作是屈踝，膝关节领先，冰刀与冰面贴近，平移到左侧，选择在左脚冰刀左前方的适宜位置着冰。

（4）下刀技术

弯道滑行技术中，下刀指的是冰刀着冰瞬间。

左腿下刀：左腿完成收腿动作后，左踝关节背屈，冰刀尖稍翘起，冰刀外刃后部在右脚冰刀前内侧的合适位置着冰。

右腿下刀：右腿完成收腿动作，右踝关节背屈，冰刀后部在左脚冰刀前内侧的合适位置着冰。

（5）摆臂技术

摆臂技术以单臂摆动为主。左臂自然下垂，右臂摆动时，右臂摆动幅度基本上类似于直道滑行中的摆臂技术，摆动方向稍向侧，以肘关节屈伸为主、肩关节屈伸为辅，与蹬冰动作协调配合，前后自然摆动，手指轻触冰面，摸冰向前滑。

3.起跑技术

起跑是运动员在最短时间内从静止到移动并获得较高速度的过程。起跑质量对全程滑跑的速度有直接影响，启动快，瞬间达到较高速度是较理想的起跑效果。

起跑包括下面三个动作阶段：

（1）预备姿势

短跑道速度滑冰起跑技术中，常见的起跑姿势是正面点冰式起跑。听到"预备"口令时，迅速前移，越过起跑预备线，到达起跑线后用前腿冰刀刀尖点冰，用后腿冰刀内刃支撑压住冰面，与起跑线基本保持平行，慢慢屈膝下蹲，重心投影点位于两脚之间稍偏前；起跑线同侧臂屈肘下垂，异侧臂肩外展，肘部适当弯曲抬起；与滑跑方向相对，冰刀和身体保持相对静止。

（2）启动

听到鸣枪后，在预备姿势基础上，向前移动重心。前点冰腿快速抬起，展髋、踝关节外旋；用后腿冰刀内刃快速用力向后蹬伸；蹬冰腿同侧臂向前屈肘快摆，异侧臂快速后摆。

（3）疾跑

踏切式、跺冰式和滑跑式是常见的三种疾跑方式。疾跑方式不同，冰刀接触冰面部位、用力形式及与上体配合动作等也都各有特点。这几种疾跑方式中，动作较为简单的是踏切式疾跑，这种方法掌握起来比较容易，启动速度也较快，因此下面主要分析这种疾跑方式的动作方法。

从启动后的前腿着冰动作开始，一般要快速向前跑8~10步。在疾跑过程中，两腿连续快速蹬收，两臂配合摆动，整体向前跑动。同时，两脚冰刀之间的开角要保持较大的程度，冰刀前半部先与冰面接触，再用冰刀中部向后用力蹬冰，逐步过渡，身体姿势整体保持向前倾斜，以较高动作频率向前跑。

4. 冲刺技术

冲刺技术是短跑道速度滑冰中非常重要的一项技术，当临近终点且相互距离比较近时，冲刺直接决定了最后的成绩。下面主要分析送刀式冲刺技术。

滑行过程中接近终点时，用有利于克制对手的一侧腿支撑重心，另一侧腿迅速向前伸，保持身体平衡，快速向终点冲。

（二）花样滑冰技术

花样滑冰是滑冰运动的一个分支，是运动员在冰面上穿着带冰刀的冰鞋伴随音乐通过做滑行、跳跃、旋转和各种舞姿表演一系列的规定和自选动作而进行的冰上竞赛项目[①]。目前，花样滑冰有男、女单人滑，双人滑和冰上舞蹈四个正式比赛项目。

1. 基础滑行动作

（1）冰上站立

两脚分开到与肩宽，平稳站立，冰刀垂直冰面，微屈膝，上体正直或稍向前倾，两臂伸开，保持身体平衡，眼睛注视滑行方向。

（2）单足蹬冰、双足向前滑行技术

两脚平行分开到与肩宽，膝微屈，上体挺直，两臂伸向侧前方，手心向下，用左脚内刃前半部分蹬冰，注视滑行方向。开始蹬冰时，重心右移，由右脚支撑身体重心。蹬冰后，迅速收回蹬冰足至原位，此时身体重心在两脚间，形成双足向前滑行动作，然后右脚蹬冰，反复进行。

（3）单足蹬冰、单足向前滑行技术

准备姿势同双足滑行，蹬冰结束后重心不变，始终平稳，保持单足向前滑行姿势，蹬冰足在滑足后，两臂在体侧自然伸展。

（4）双足向后滑行

两脚呈内八字形，脚跟分开，脚尖靠近，身体重心落在冰刀前半部，微屈膝。开始时，用两脚内刃向后蹬冰，至脚间距同肩宽时，两脚跟向内收紧，形成双足平行向后滑动作，此时逐渐伸直腿，两腿靠拢后再蹬冰，如此反复，滑行路线，如图4-2-2所示。

---

① 赵睿. 冰雪运动技巧[M]. 北京：中国社会出版社，2007.

图 4-2-2 双足向后滑行路线

2.弧线滑行

弧线滑行包括四种，分别是前外、前内、后外、后内。

（1）前外刃弧线滑行

如以左脚内刃蹬冰，用右脚外刃滑出时，身体向右侧圆弧内倾斜转体，左臂在后，右臂在前，逐渐伸直滑足膝部。换脚时用左脚内刃蹬冰，左脚外刃着冰，形成前外刃弧线滑行动作。

（2）前内刃弧线滑行

如右脚滑前内弧线时，先向前用左脚内刃蹬冰，右脚内刃向前滑出，同时身体重心向左倾斜转体，左臂在后，右臂在前，目视滑行方向。微屈右膝，左脚蹬冰后沿滑线前移，向滑足靠近，移动过程中逐渐伸直，同时慢慢伸直滑足膝部。换脚时用右脚内刃蹬冰，左脚内刃滑出。

（3）后外刃弧线滑行

两脚平行，两肩和臂保持水平，目视滑行方向。右脚后内刃蹬冰，两臂协调配合下肢动作，左臂在前，右臂随滑行方向用力向后摆动。右脚蹬冰后迅速移动到滑足前，左脚做后外刃弧线滑行，当滑行到弧线一半时头向圆内，上体配合向外转，浮足移向滑线前，向滑足靠近，上体姿势保持不变。然后再做右后外弧线滑行。

（4）后内刃弧线滑行

双足在冰面上平放，与滑行方向背对，两臂向身体两侧自然伸展，用右脚蹬冰，左后内刃做弧线滑行，右臂在前，左臂用力向滑行方向摆动，右脚蹬冰后迅速移到滑线后,当滑行到弧线一半时,浮足靠近滑足,上体向圆内均匀缓慢转动,此时左臂在前,右臂在后,浮足向滑线前伸展,上体姿势保持不变。然后再做右后内弧线滑行。

3. 急停

(1) 双足急停

以双足向后内刃急停为例。向后滑行时,左右脚尖突然分开,脚跟相互靠近,伸直双腿,身体稍前倾,前场双足内刃做向后刮冰的急停动作。

(2) 单足急停

单足前外刃急停,向前滑行时,用右脚或左脚前外刃突然横向刮冰急停,离开冰面;单足后内刃急停,向后滑行时,左脚或右脚后内刃突然横向刮冰急停,身体前倾,离开冰面。

二、滑雪运动基础知识

滑雪运动有很多分类方法,如以功能划分,可以分为竞技滑雪、大众滑雪、实用滑雪和特殊滑雪四类,其中竞技滑雪又包括高山滑雪、越野滑雪、跳台滑雪、自由式滑雪、单板滑雪等多种项目,以下重点分析越野滑雪技术实践。

越野滑雪起源于北欧,在全世界范围内广泛开展,欧洲、亚洲、北美洲、南美洲、澳洲等60多个国家和地区都很盛行这项运动。在瑞典、挪威、俄罗斯、芬兰、意大利等欧洲国家,越野滑雪的发展始终处于领先地位,亚洲国家这项运动的发展大都处于中游或中下游水平。但随着亚洲国家越来越重视滑雪项目以及近年来滑雪运动竞技成绩的不断提高,亚洲一些国家的越野滑雪运动水平也逐渐逼近欧洲强国,在重大比赛上具备了与欧洲国家争夺金牌的实力。

下面详细分析越野滑雪技术。

(一) 平地滑雪技术要领

1. 直线向前走动

初次滑雪时,首先要穿滑雪板在雪地上移动,逐步适应,练习时可采用陆地上走步的方式。双脚穿上滑雪板,双手持杖,两板保持15厘米左右的距离,像走路一样两板向前行走,两手随下肢走动协调配合撑杖。

2. 两步交替滑行

在越野滑雪传统滑行技术中，两步交替滑行技术最常用，在平地和中小坡度上适合采用该技术滑行。

身体向前倾，右脚向下后方用力蹬动，身体重心由右脚支撑，向前滑行，微屈右膝，尽量向前摆左臂，杖尖落在右脚尖附近位置。

左手向下后方用力撑杖，左脚同时向前跟出，身体重心快速向左脚移动。

进一步蹲屈，左脚完全支撑身体重心，右脚蹬动，蹬动幅度保持在70～75厘米范围内，手臂继续向前摆动。

在两步交替滑行中，容易犯的错误是单脚滑行时，由于膝部没有充分弯曲，造成身体重心线落后，对滑进距离造成影响。

3. 同时推进滑行

两板保持平行，手持两杖同时推撑向前滑进，这就是同时推进滑行技术。在一段较长的平坦地段上，可采用该滑行技术。

同时推进滑行技术的动作要领如下：

两板平行，身体稍微向前。

两臂放松前摆，当前摆高度比肩高时，稍微暂停休息，然后把两杖落在脚尖前面的位置，上体前屈，两臂同时向后用力推撑。

随着滑行速度越来越快，撑杖频率也要相应提高，两杖向前摆动幅度尽量大一些，杖尖可以指向雪板尖稍靠后的地方，接着身体重心置于两板上，两手持杖向后用力推撑，以增加向后推撑力量。

向后推撑过程中，手通过腿时，应下降到与膝关节持平的高度，这样推撑力量会进一步加大。

滑行过程中可变换滑行方式来调整体力。

4. 两步推进滑行

两腿各蹬一次后，两杖再同时推撑的滑行方法就是两步推进滑行。

两步推进滑行技术的动作要领如下：

两杖推撑后前摆时，持雪杖在空中空摆，空摆时间不宜太长，一般为一拍的时间，然后再着地推撑。

两脚承担全身重量，以免身体摇晃。

在心中数 1、2、3，数 "1" 和 "2" 时各滑一步，"3" 时推撑，从而掌握好滑行节奏。

两脚滑行时吸气，两杖推撑时呼气，保持呼吸节奏。

5. 变换雪辙滑行

如果路上有障碍，需要在整理后的雪道上一边滑行一边改到另一条雪辙上滑行，以避过障碍，这种方法就是变换雪辙滑行。

变换雪辙滑行技术的动作要领如下：

变换雪辙前，先将两杖同时推撑，以加快速度。

右脚支撑身体重心，左脚板提起，板尖指向左前方，再由左脚支撑重心。

右脚到达右侧雪辙，把右板及时放在雪辙内，并支撑身体重心，接着把左板放在左侧雪辙内，身体重心落在两板上。

两杖再同时推撑，以加快滑行速度。

（二）登坡滑行技术要领

1. 直线登坡

直线登坡技术的动作要领如下：

上体适当前倾，避免过度前倾而导致雪板向后脱滑。

雪杖落在身体重心线后面的位置。

步幅随坡度调整，坡度大，步幅小。

2. 斜线登坡

斜线登坡技术一般用在坡度比较陡的情况下，如果坡的距离长，可走 "之" 字线路。

斜线蹬坡滑行技术的动作要领如下：

两脚山上侧一方的板刃稍用力刻进雪面，身体与山坡侧对，山上侧腿屈膝向斜前方迈进。

雪杖不要过分前摆，杖尖落在前后脚中间，用山下侧雪杖支撑身体。

3. 八字登坡

雪板尖向外张开成倒八字形，两雪板内刃刻住雪面，向坡上直线登行，这就是八字登坡技术。这种方法虽然速度快，但也比较费力气。

八字登坡技术的动作要领如下：

身体向前倾，两雪板形成倒八字形。

两雪杖在身后交替支撑，防止雪板后滑。

用支撑脚雪板内刃刻住雪面，身体重心落在支撑脚上，非支撑脚迈向前上方。

非支撑脚的雪板不要踏在支撑脚雪板板尾部，重心移到这一只脚，原先的支撑脚再向前迈出。

根据坡度调整两板尖分开角度，坡度大开角大。

4. 阶梯式登坡

在陡坡或线路较窄的地段，身体侧对山坡，两板顺次登行上山的方法就是阶梯式登坡技术。

阶梯登坡技术的动作要领如下：

身体与山坡侧对，两脚替换登行上坡。在两板板刃刻进雪面时，山上侧脚先向上横跨，体重落在山下侧雪杖上，山下侧脚再向上蹬动，并用内刃刻进雪面。

山下侧脚落地的同时，马上提起同侧雪杖并放在脚旁，防止身体脱滑。

（三）下坡滑行技术要领

1. 直线滑降

两板之间间隔15厘米，弯屈膝和足踝关节，上体稍高，保持该姿势。

身体重心平均落在两板上。

两臂稍向前抬，杖尖与地面靠近。

2. 横向滑降

在场地窄而陡的线路地段采用横向滑降技术，能达到控制速度和制动的效果。

横向滑降技术的动作要领如下：

两脚之间间隔15厘米，山上侧板稍前，弯屈膝和踝关节，通过膝关节的屈伸使身体横向下滑。

身体保持"外倾"。

在滑降过程中，如向前移动身体重心，板尖斜向山下侧，则向斜前方滑行；身体重心如果后移，板尖稍向山上侧，则向斜后方滑行。

3. 斜线滑降

在较宽阔的陡坡场地采用斜线滑降技术，有利于控制下滑速度。

斜线滑降技术的动作要领如下：

基本姿势同上。

身体呈"外倾"姿势，山下侧板支撑大部分体重。

斜向下滑时，用山上侧板外刃、山下侧板内刃刻住雪面。

4. 八字滑降

向两侧分开雪板尾部，沿山坡呈八字形直线向下制动滑降的方法就是八字滑降技术。使用这一方法时，雪板呈八字形，屈膝并内扣，体重均匀落在两脚上，身体重心稍微向后移，通过调整两板尾分开程度来控制速度。

5. 双板平行转弯

双板平行转弯指的是两板平行时做转弯动作的滑行方法，该技术有一定难度，需要具备良好的基础。

双板平行转弯技术的动作要领如下：

转弯时两板平行，膝部向前和向山上侧压，双板用刃同时将山下侧杖尖插向脚尖前部。

以山下侧雪杖为支点，重心上提，两板变平刃，重心再落在两板尾部并使之立刃划弧转向。

6. 跨步式转弯

动作方法类似平地滑雪技术中改换雪辙滑行技术动作，但是要以转弯弧度大小为依据调整跨步。

跨步转弯技术的动作要领如下：

一侧板向侧前方跨出，重心随之移动，撑杖，另一侧板紧紧跟上。

另一侧板跟上后，两板保持平行。

（四）自由式技术要领

自由式技术又称蹬冰式滑行，滑行速度比传统越野滑雪技术快，而且雪板容易打蜡。

1. 平地蹬冰式滑行

一侧腿蹬动后，滑行支撑腿支撑全部身体重心，上体稍前倾，保持放松。

蹬伸腿用力蹬向侧后方，同时用板内刃刻住雪面。

膝盖保持100°～110°的弯曲幅度。

2. 交替蹬撑滑行

身体姿势和腿部动作参考蹬冰式滑行技术。

同时完成撑杖与蹬动动作。

在缓坡、平地或下坡时适合采用这项技术。

3. 同时蹲撑滑行

不要偏向一侧撑杖与蹬动。

充分撑杖、蹬腿，注意控制节奏。在加速、冲刺或超越对手时适合采用该技术。

4. 二步、四步蹬撑滑行

两腿蹬动方法参考蹬冰式技术。

两臂持杖前摆时，上体直起，弯曲两肘，两手摆到头上高度后，再落杖。

撑杖时上体顺势下压，两手经过膝盖部位向后推撑。

在比较平坦的地段适合采用该技术，有利于节省体力，保持一定的速度。

三、攀冰运动基础知识

攀冰源于登山运动，是登山运动基本技能之一。攀冰攀爬的冰壁主要是自然冰，现在也有人工浇筑的冰壁和模拟冰壁。攀冰运动是一项依靠冰爪、冰镐、冰锥以及和攀岩运动可以共用的一些设备，再结合脚法和镐法进行的冬季运动。本节主要从攀冰的起源发展、攀冰装备介绍、攀冰基本技术以及攀冰运动发展价值四方面进行研究。

（一）攀冰运动的历史进程

早期的冰壁攀登存在于高山探险中大坡度冰面或者陡峭冰壁攀登过程中。从20世纪初期开始，攀冰运动慢慢发展成为一项专门的运动。在早期的登山探险运动中，难以逾越的冰壁障碍刺激着攀冰装备和攀冰技术的形成、演变和发展。20世纪70年代，乔伊纳德融合"法式技术"和"德式技术"的特点，提出了适合各种冰壁线路、打破地区之间的技术壁垒的"现代技术"，成为现代攀冰运动开始的标志。优良的攀冰设备和成熟的攀冰技术把欧美攀冰运动发展提升到了更高的水平。攀冰运动从20世纪80年代开始成为欧美国家的新潮运动，攀冰爱好者不断增加。2002年国际登联（UIAA）攀冰委员会成立，成为领导全球攀冰运动普及、发展最权威的机构。

攀冰运动在20世纪90年代进入中国，从2017年开始我国才有了以全国攀冰锦标赛为代表的官方主导的赛事。根据奥林匹克宪章规定：只有在至少在25个国家或地区和3大洲中广泛开展的运动项目才可列入冬季奥林匹克运动会比赛项目。中国庞大的人口基数以及这些年成功在国内推广普及攀岩的经验对攀冰运动的普及有极大的经验优势。

（二）攀冰及时要领

攀冰设备的完善和使用刺激了攀冰技术的出现。攀冰基础技术主要分为法式技术和德式技术。从20世纪初到70年代，法式技术和德式技术各自发展已经相当成熟，但是攀登者对两种技术在运用中存在很大的争议，互不承认对方技术的价值。直至20世纪70年代，伊冯·乔伊纳德经过十二年的时间研究世界主要国家的攀冰，同时在他的著作中提出了一种统一的攀冰"现代技术"，这种攀登技术结合了"法式技术"和"德式技术"的特点，一直沿用至今。

1. 法式技术

法式技术最初源于1913年法国阿尔卑斯山脉地区，以发明地进行命名。法式技术主要用于60°以下的缓坡，用一支大冰镐攀爬，采用"两点支撑，一点移动"的技术，通过冰爪行走，把重量分散在脚底，通过脚掌着地，保证所有的齿都能踩进冰里。

2. 德式技术

1938年德国人和奥地利人使用带有前齿的冰爪攀登艾尔格峰，"德式技术"由此诞生。德式技术主要是用两支小冰镐在大于60°且小于90°的陡峭地形上进行前齿攀登，采用"三点固定，一点移动"的技术，保证冰爪前齿全部插入冰面。

（三）攀冰运动的价值

1. 攀冰运动的体育美学价值

攀冰运动一支被称为是"冰壁上的芭蕾"。攀冰运动的体育美学存在于整个攀冰活动过程中。第一，攀冰的环境如同一幅在冬日大地、蓝天白云下的雪画，洁白无瑕的冰壁，如同流水般的冰瀑，悬垂在半空的冰挂都是在自然生态环境中形成的，因此极具观赏价值，无论是对攀冰爱好者还是观众都是提高自己欣赏美、鉴定美能力的时刻；第二，攀冰是一项克服重心向上的运动，对形体有着一定要求，在冰壁上舒展活动的攀登者在洁白冰壁中特别亮眼，体现了运动员的形体美；第三，攀冰运动本身具备的美学价值，对于攀登者来说，攀冰主要是在洁白冰壁上挥动冰镐，踢入冰爪，移动身体，这具有体育运动本身的动态美，而且整个过程如同是在冰壁上作画；第四，攀冰运动健康向上的人文美，攀冰运动追求回归自然，重视自我感受，激发自我潜能，是一项有对体质意志有很大要求的运动。

2. 攀冰运动的生态学价值

首先，攀冰运动的冰壁、冰瀑、冰挂是在自然环境中自然形成的。

其次，攀冰运动主要是在寒冷冬季进行，受到冰质和天气的影响。冰壁是开展攀冰运动的首要条件，天气的好坏和冰质的情况不但影响着攀冰运动能否顺利进行，还影响着攀爬过程中攀冰参与者的人身安全。正是因为攀冰运动对自然环境的依赖，所以攀冰运动的开发重视对冰壁冰质的研究、天气的考虑，重视对攀冰环境的保护，比如冰瀑和冰壁上方的保护，攀冰场地的保护等。

再次，攀冰运动是人与自然互动的产物，体现了"天人合一"的生态观。

总之，攀冰运动源于自然，对自然生态环境有很强的依赖性，重视生态环境的保护，符合绿色产业、朝阳产业的体育产业发展方向。所以，攀冰运动具备生态学价值。

3. 攀冰运动的经济学价值

首先，攀冰运动发展符合现代社会经济发展转型升级的发展趋势，是绿色产业、朝阳产业，是我国冰雪产业的一部分。攀冰运动的发展有利于实现我国"三亿人上冰雪"的战略目标，是我国冰雪旅游产业的一部分。

其次，运动赛事是新的经济增长点，大型体育赛事是提高城市知名度、促进体育产业发展、提高城市知名度的快速、有效、经济、环保的途径。一方面，自2015年来，攀冰世界杯分站赛在全球赛事次数逐渐增多，为攀冰赛事承办地的经济发展带来了许多积极的影响；另一方面，运动项目的发展、推广离不开资金的投入，攀冰运动的奥运潜力会吸引一些赞助商关注这项运动，在赞助商获得自己的赞助回报的同时可以促进攀冰运动自身的发展。

再次，攀冰运动拥有与传统运动项目相比更刺激、时尚、挑战、自然、征服、时尚的特点。它也是在现代人民生活水平提高，对消费需求升级的时代背景下进一步发展的，它丰富了大众体育项目。这些使攀冰如攀岩运动一样吸引越来越多人的关注，尤其是年轻人。攀冰运动对设备、技术、场地有着精准、高品质的要求，其发展进步会带来这些产业链产品的研发、发展，这将会创造一定的产值。

总之，攀冰运动在加大项目本身发展、转变经济发展方式、发展体育产业、丰富消费需求、加快城市发展等方面创造了很大的经济价值。

第三节　水上户外运动

祖国大江南北有着众多优美的山川湖海，可以作为开展水上户外运动的场所。水上户外运动内容丰富，因其特有的刺激和惊险等特点受到了广大户外运动爱好者的青睐。如今，户外游泳、漂流、潜水等运动已经作为新潮的户外运动在我国开展，受到年轻人的欢迎。

一、游泳运动基础知识

（一）游泳运动概况

游泳在水中进行，集水浴、空气浴、日光浴于一体，对人的健康具有积极意义。对户外运动爱好者来说，在自然水域中进行游泳可谓是一种享受，不但能够强身健体，还能使身心得到放松。

游泳运动具有悠久的历史。在远古时期，在江河湖海一带生存的原始人类为了获得食物，谋求生存，在水中捕捉鱼、虾、蛙等动物。在捕猎的过程中，他们对水中鱼类、青蛙等动物在水中游动的动作进行观察和模仿，久而久之就学会了游泳。

现代游泳运动起源于英国。早在17世纪60年代，英国的不少地区就广泛开展着游泳活动。到了18世纪初，游泳运动传入法国，此后风靡全欧洲。1828年，世界上第一个室内游泳池在英国利物浦乔治码头成功建造，到了19世纪30年代，英国各大城市中相继出现了这种泳池。1837年，在伦敦成立了世界上第一个游泳组织，该组织举办了英国历史上最早的游泳比赛。1869年1月，大城市游泳俱乐部联合会（现英国业余游泳协会）在伦敦成立，这是游泳运动发展为独立的运动项目的标志。该机构的成立推动了游泳运动的发展与传播，之后游泳运动先在英国占领的各个殖民地内传播，之后全世界逐渐开始流行这项运动。

游泳运动在长期发展过程中，逐渐分为两大类：第一类是竞技游泳，包括爬泳、蛙泳、仰泳、蝶泳及混合泳；另一类是实用游泳，即救生技术，包括踩水、潜泳、侧泳、反蛙泳等。

在我国，游泳运动也有悠久的发展历史。在其不断发展地过程中，逐渐成为人们锻炼健身的重要手段之一，深受广大群众的喜爱，并为之冠以有"快乐的运动"的称号。如今，有条件的城市居民通常在室内游泳馆内进行，而在一些乡村地区，很多群众在自然水域中游泳，这就是户外游泳。

在户外游泳中，自然水的环境至关重要。自然水域中，水的温度较低，密度更大，因此有利于人体血液循环，促进人体肌肉力量的发展，使人有更好的形体，使身体各项素质得到全面发展，所以游泳运动往往是老少皆宜，受到不同年龄段的群众的喜爱，有着深厚的群众基础。

积极参与游泳运动能增强体质，提高健康水平。作为一项全身性运动，长期进行游泳锻炼，可以促进人体各器官、各系统的协调与均衡发展，使健身者的身体形态、身体机能以及身体素质都能够得到不同程度的改善与提高。

游泳运动的环境完全不同于田径、球类等运动，游泳运动在水中进行，在运动条件、运动形式以及运动结构等方面都有自己的特点。人们参与游泳锻炼，学习各种技术和泳姿，不仅可以强身健体，还能够锻炼顽强的意志品质。

在这个科技、信息、社会飞速发展的时代，社会各方面都面临着激烈的竞争，人在社会中面临着更加严峻的挑战，为了更好地适应社会，在竞争中生存下来，人们需要具备坚忍顽强、吃苦耐劳、自强不息的精神品质，不断挑战自我，而游泳运动在塑造这些优秀品质上发挥着重要的作用。

因为户外游泳是在自然水域进行，而不是在传统的室内泳池中进行，所以本节后面主要研究一些在自然水域中非常实用的游泳救生技术。

（二）游泳健身技术要领

1. 踩水技术

踩水又称为"踏水"或"立泳"，这是初学游泳必须要掌握的一项基本技术。踩水的速度虽然比较慢，但比较安全，在自然水域中，水流状况变化多端，时而平缓时而湍急，健身者如果不了解水中情况，也不知晓水质是清澈还是浑浊，那么可以采用该技术。此外，在自然水域游泳具有一定的风险，如果看到有人溺水需要救护时，可以通过踩水技术来感知水面情况，从而向前后、左右方向移动与拖带，进行有效救护。

在游泳运动中，水流的阻力是最大障碍，人体游进过程中依靠手臂和腿的动作完成，其中要克服水的阻力，这是针对各种水平姿势的泳姿而言的。在踩水时，不需克服水的阻力，而要克服自身的重力，为了让身体浮在水中，需要手臂和腿不断划动，从而产生上升力。当身体浸入水中后，自身受到竖直向上的浮力作用，所以运动者掌握踩水技术后，只要手臂、腿稍微做一些动作，头部就可以顺利浮出水面。如果踩水技术达到非常熟练的地步，游泳时只要腿动起来就能够使身体浮起来。

（1）身体姿势

身体稍向前倾，直立漂浮；始终将头部露在水面上，下颌贴近水面。

（2）腿部技术

总的来说，腿部动作包括收腿、翻脚、蹬压，组成完整的动作周期。在这个周期中，脚以近似于椭圆形的轨迹进行运动。

大腿与躯干形成120°夹角，膝关节弯曲，小腿和足部外翻。脚掌成钩状，小腿和脚内侧面朝下，两脚与两膝距离同宽。接着，稍微向下压大腿，膝关节内扣，小腿和脚的内侧面向下蹬压水，动作轨迹为弧形。小腿在膝关节快要弯曲蹬直时向大腿折叠。大腿稍向上抬，脚迅速外翻，继续进行下一轮的蹬压动作。

双腿的蹬压动作与蛙泳技术的腿部蹬夹动作非常相似，不同的是，踩水时大腿的动作幅度较小，小腿和脚掌的动作幅度较大。蹬压时，基本上要一直弯曲两腿，连贯圆滑、周而复始地持续蹬压。腿的蹬压技术有以下两种方式：

两腿同时蹬压水，整个动作顺序为屈膝—脚掌外翻—蹬压水。

两腿交替蹬压水，动作类似于两腿同时蹬压水的动作，最大区别为两腿交替完成。两腿动作按以下方法进行蹬压：一腿完成蹬压水，屈膝向后收小腿时，另一腿依次向外、向下、向内蹬压水。两腿交替蹬压水的动作必须按照一定节奏进行，这样身体的起伏较小，不会耗费太多体能。

（3）臂部技术

踩水时，两臂稍屈，在胸前平举，两手同时向外、向内拨压水，双手平行于水面，运动轨迹呈弧形。要注意的是，双手向外、向内拨压水时，掌心的方向是不同的，分别向外下方和内下方。

弧形拨压时，手掌与水平面保持30°～40°，以前臂和手的摆动为主，上臂运动幅度较小，连贯圆滑地完成，周而复始，保持一定的节奏。

手臂划动时，划水阻力（与手臂运动方向相反）和划水升力（与手臂运动方向垂直）共同构成了水对手臂的反作用力。当划水阻力与水面平行，两臂同时划动时，两臂的划水阻力相互抵消，所以身体不会移动。当两臂上划水的升力与水面垂直时，身体会克服重力上浮。

两腿蹬压水的方式不同，两臂拨压水的方式也会有相应的变化，具体如下：两腿同时蹬压时的手臂动作，两臂向外拨压水，两腿同时向上收回并翻脚，此时两臂向内拨压水，手臂拨压水的动作轨迹呈弧形。两腿交替蹬压时的手臂动作，一腿向下蹬压，两臂向外拨压水；另一腿向下蹬压，两臂向内拨压水，注意手臂拨压水的动作轨迹呈弧形。

（4）完整配合技术

踩水时，头部始终露出水面，自然呼吸，与动作相配合。

注意上肢与下肢保持协调，相互配合，这是确保身体在水中漂浮的关键。手臂与腿的配合方式是两腿蹬压水一次，两臂拨压水一次，且两臂同时向外拨压水的动作与两腿蹬压水动作几乎是同步的。总而言之，腿和手臂动作同时进行，周而复始不停顿。

踩水过程中，手臂和腿的配合必须连贯而有节奏，这是基本要求。此外，呼吸也要保持节奏，配合手臂和腿的动作自然呼吸。向前游进时，身体前倾，腿向侧方蹬水，两臂向后下方压水。向侧游进时，身体向侧面倾斜，腿向反侧蹬压水，与此同时手臂也向反侧拨压水，这是确保向自由方向踩水和移动的关键。

运动者熟练掌握踩水方法后，只靠两腿蹬压水就可以使身体漂浮起来。手臂与腿部动作的配合方式受到腿部蹬压方式的影响。

2. 反蛙泳技术

反蛙泳就是身体翻过来的蛙泳，也称为"蛙式仰泳"，是比较容易学习和掌握的一项技术，其动作自如，呼吸自然，体力消耗少，在长时间、长距离的游泳中也可以通过反蛙泳达到轻松休闲的目的。

游反蛙泳时，身体在水中仰卧，两腿像蛙泳一样蹬夹，两臂同时前摆入水，接着在身体两侧同时向后划水。

（1）身体姿势

仰卧于水中，身体自然伸直，腹背肌适度保持紧张，身体纵轴与水平面形成较小迎角。面部露出水面，目视后上方。

（2）腿部技术

在反蛙泳的腿部技术中，主要依靠腿部的蹬夹推动身体前移。收腿时，髋稍屈，臀部微微下沉，膝关节弯曲，小腿放松下沉折叠靠向大腿后，两腿左右分开，两膝距离与肩同宽。当小腿与大腿成90°时开始翻脚，大腿稍内旋，小腿和脚向外张开，勾脚掌，小腿和脚内侧与水面对准。

翻脚结束时，大腿和小腿成锐角，两脚跟之间的距离比双膝距离稍宽。紧接着展髋，直膝，小腿和脚向后蹬夹水，运动轨迹呈弧形，两腿持续加速进行。

蹬夹的最后阶段，踝关节伸直，脚掌向后、向内、向下进行鞭打，之后两腿蹬直并拢，进入滑行阶段。

注意收腿、翻脚、蹬夹的动作要连贯、自然，不能有停顿，膝关节始终不能露出水面。

（3）臂部技术

两臂动作始于贴于体侧的滑行姿势。

首先，两臂伸直，拇指领先提出水面，沿身体两侧垂直面向前摆动。摆过头部上方时内旋，小指侧转向下。

然后，两臂伸直，在肩前同时入水，之后肩部尽量前伸，使划水路线延长。

接着，两臂向左右两侧分开，手腕稍屈，掌心向脚，两臂伸直，向外、向后划水。划水至两侧与肩横线接近时，稍屈肘并下沉身体，成"倒高肘"的姿势，手臂在身体两侧用力继续向后推压水。

最后，结束划水时，两臂放于身体两侧，掌心向内，充分舒展身体，成流线型前行。

（4）完整配合技术

面部始终露出水面，手臂、腿的动作与呼吸节奏保持协调，但不受水限制。空中移臂时吸气，手臂入水后闭气，划水时均匀呼气。

反蛙泳过程中，手臂和腿的动作交替完成，通过蹬腿与划臂推动身体前进。手脚的配合方式如下：

第一，两臂提出水面前移时，收腿、翻脚。

第二，两臂马上要入水时，两腿向后蹬夹。

第三，蹬夹结束，两腿伸直并拢，两臂向后划水。

第四，划水结束后，两臂伸直，放在身体两侧，成流线型向前滑行。

3.侧泳技术

（1）身体姿势

身体在水中侧卧，采取左侧卧姿势或右侧卧姿势，根据个人习惯选择。头的一侧入水，身体纵轴与水平面形成较小的夹角，腿略低于肩部。游进时，伴随着手臂的划水，身体绕纵轴有节奏地来回转动，大臂与身体纵轴的夹角控制在45°～50°之间。这种转动能够很好地促进手臂划水和腿蹬剪水的力量发挥，此外还有利于空中移臂和呼吸动作的顺利完成。

（2）腿部技术

收腿时，弯曲上侧腿的膝关节，大腿与水面平行向身前提收，踝关节放松，小腿在大腿后前移。此时，下侧腿展髋，屈膝，小腿折叠靠向大腿，以使脚跟与臀部靠近。

收腿结束时，上侧腿的大腿与躯干近似垂直，大腿与小腿之间保持45°～60°的角度；下侧腿伸展髋关节，大腿与小腿之间保持30°～40°的夹角。

①翻脚。收腿即将结束时，上侧腿勾脚尖，膝关节伸直，小腿与水面平行并稍向身前伸出，脚底和大腿后侧面向后与蹬水方向对准；下侧腿绷脚尖，脚背和小腿前侧面向后对准剪水方向。

②蹬剪。上侧腿伸展髋关节，大腿后摆，继续伸直膝关节，腿的后侧面及脚底与水面平行，向后加速蹬夹。同时，下侧腿膝关节伸直，脚背和小腿前侧面对

水向后剪腿。当两膝伸直时，两腿形成剪刀状的姿势，直至两腿伸直并拢进入到滑行阶段。

（3）手臂技术

侧泳臂的动作通常为一臂划水后提出水面经空中前移，另一臂划水后在水下收手前伸，两臂交替进行。上侧臂提出水面经空中前移时，下侧臂在体下划水；上侧臂入水时，下侧臂收手；上侧臂划水时，下侧臂前伸。两臂于胸前有交叉的过程。上侧臂划水结束贴在身体一侧时，下侧臂在头前伸直。[1]

（4）完整配合技术

侧泳的完整技术要遵循 1：2：1 的原则，即在一个完整的动作周期中，蹬剪水 1 次，划水 2 次（左、右臂各 1 次），呼吸 1 次。

4. 潜泳技术

潜泳，又被称为"大划臂蛙泳"，这是一种身体完全在水下进行的游泳技术。该技术没有装备限制，简单易行，所以特别适合潜水爱好者使用。潜泳技术主要包括潜深和潜远。

（1）潜深

朝下潜深时，下潜之前深呼吸，之后迅速低头、收腹、团身，身体向前翻转，头部朝下。紧接着两臂向下伸直，展开身体，在重力作用下入水。两腿向上做蹬夹动作（技术要求同蛙泳），从而加速下潜。潜到一定深度时，身体逐渐转成水平，继续潜进。

脚朝下潜深时，下潜之前，两臂用力向下压水，双腿用力蹬夹，使腰部跃出水面，同时深吸气。紧接着两腿并拢伸直，伸直两臂，身体在重力作用下沉入水中。此时，两手掌心向上，自下而上地拨水，使下潜加速。下沉到一定深度时，迅速低头团身，身体转至水平，继续潜进。

（2）潜泳技术

蛙式潜泳，蛙式潜泳的技术动作与蛙泳的技术动作基本相同，区别是蛙式潜泳是在水下进行的，因此身体姿势、手臂与两腿动作会有一些不同。

第一，身体姿势，避免过早上浮，躯干始终正对游进方向。头稍低，与躯干保持在一条直线上。

---

[1] 施纯志. 水上运动与健身[M]. 哈尔滨：哈尔滨地图出版社，2009.

第二，腿部技术，腿部动作主要有四个环节，分别为收腿、翻脚、蹬腿和滑行，这四个环节紧密衔接，缺一不可。收腿过程中，屈髋幅度及两腿向侧分开的程度要小于普通的蛙泳，从而更好地使身体保持流线型，减小游进阻力。

第三，手臂技术，臂部动作也有四个环节，分别为外划、下划、内划和前伸，这四个环节也是紧密衔接的。两臂划水幅度可比普通的蛙泳大一些，以增加推进力。两臂前伸时与下颌贴近，以减小游进的阻力。

第四，配合技术，手臂与腿的配合和普通蛙泳一样，但可适当降低频率，从而延长滑行时间。向前游进时，需将臂、腿动作产生的推进力充分利用起来。

长划臂潜泳，身体姿势和腿部动作与蛙式潜泳完全相同，区别在于划臂方式和完整配合技术有所不同。

长划臂潜泳时，手臂与两腿的配合方式如下：

第一，两臂划水时，两腿伸直并拢。

第二，划水结束后，两臂放于身体两侧，掌心向上，身体充分伸直，成流线型继续游进。

第三，收手前伸的同时收腿、翻脚。

第四，两臂快要伸直时，两腿向后蹬夹。

第五，蹬夹结束之后迅速划臂。

（三）游泳健身练习

1. 踩水练习

（1）陆上模仿练习

双杠挂臂撑模仿踩水，身体悬挂于双杠上，双腿做踩水的技术动作，重点对椭圆形动作路线和连贯的动作方式进行体会。

坐池边模仿踩水，坐在岸边，脚入水，双腿像踩水一样活动，注意体会小腿和脚的内侧面向下蹬压水的动作。

（2）水中练习

扶边单腿踩水，侧对岸边，一只手扶于岸边，外侧腿提起，进行收腿、翻脚、蹬压的踩水动作练习。要求用小腿和脚内侧面蹬压水，连贯完成动作，反复进行。

扶边踩水，双手扶在池边，上体稍向前倾，双腿做向下弧形蹬压、向上收腿翻脚的动作，动作要连贯，注意感受的上浮力。

站立划水，站在水中，使水面与胸齐平。两臂稍屈，在胸前有节奏地向外、向内拨压水，移动轨迹为弧形，体会对水的反作用力。

套绳踩水，练习者在他人协助下，将用软绳制作的套圈套在腋下，并在岸上提拉绳子一端，在深水区进行踩水练习。辅助者根据练习者的情况适时将绳子放松或拉紧，以确保练习者的下颌始终露出水面，反复练习，逐渐摆脱对绳子的依赖。

踩水练习中，先尝试两腿同时蹬压水，直到在水中能够自如漂浮时，再练习两腿交替蹬压水。

2. 反蛙泳练习

（1）陆上模仿练习

站立模仿划臂，自然站立，两臂进行反蛙泳划水动作的模仿练习。

坐池边模仿蹬腿，坐在岸边，上体稍向后仰，两臂在体后撑地，两脚入水，进行反蛙泳的收腿、翻动、蹬夹动作的模仿练习。

（2）水中练习

反抓槽蹬腿，仰卧于水中，反臂抓住支撑物，进行反蛙泳技术腿的蹬压动作练习。尽量伸展身体，避免两膝露出水面。

扶板蹬腿，仰卧于水中，双手在体前抱打水板，根据反蛙泳腿的动作进行向前游进练习。

滑行蹬腿，仰卧于水中，蹬壁滑行，两臂放于体侧，按照反蛙泳中腿的动作进行向前游进练习，体会连贯的腿部技术。

完整配合游，手臂、腿配合向前游进，伴随着有节奏的呼吸，进行完整的反蛙泳配合动作练习。

3. 侧泳练习

（1）陆上模仿练习

原地模仿划臂，两脚左右开立，上体微微前倾、侧屈，两臂进行侧泳划水动作练习，体会两臂不同的动作路线及交叉配合。

原地模仿蹬剪腿，侧卧于地上，两腿进行水下状况蹬夹动作的模仿练习。

（2）水中练习

扶边蹬剪腿，一只手抓住岸边的支持物，另一只手放在水下池壁上支撑身体，身体侧卧，两腿根据侧泳技术动作进行练习。

扶板蹬剪腿，两臂一前一后扶在打水板上，身体水平侧卧于水中，按照侧泳时腿的技术动作进行向前游进练习。

侧向行进划臂，上体稍前倾，两臂交替划水，侧向游进，两臂适当用力，配合呼吸。

完整配合游，蹬壁滑行之后身体侧卧，手臂与腿相配合，根据侧泳的技术动作要求进行向前游进练习，注意有节奏地配合呼吸。

4. 潜泳练习

（1）陆上模仿练习

自然站立，进行蛙式长划臂潜泳手臂动作的模仿练习；自然站立，进行蛙式长划臂潜泳手臂与单腿配合的动作的模仿练习。

（2）水中练习

按照蛙式潜泳的技术动作，进行水下游进练习；按照长划臂潜泳的技术动作，进行水下游进练习；在较深的水域中进行踩水练习，两臂在体前用力向下压水，同时深吸气，两臂在体侧伸直，利用重力自然下沉；在较深的水浴中进行踩水练习，深吸气后，迅速低头、收腹、团身、屈膝提臀下潜。

二、漂流运动基础知识

（一）漂流运动概况

漂流运动是一项经典的户外极限水上运动项目，很早以前就已经在世界范围内广泛流行。最初，漂流只是原始人类的一种涉水方式，在第二次世界大战后发展为一项真正的户外运动。

漂流运动起源于爱斯基摩人的皮船和中国的竹木筏，当时是为了满足生活和生存需求，并不是为了进行运动。第二次世界大战后，一些喜欢探险活动的人尝试着把充气橡皮艇作为漂流工具，逐渐发展为如今的水上漂流运动。

在我国，漂流运动发源于长江探险漂流、雅鲁藏布江科考漂流等探险体育活动。1986年,"长江第一漂"的成功引发了全世界的关注,由此我国产生了漂流热,漂流运动很快在神州大地、名江大川传播。我国人民对漂流运动有着极大的热情,使我国发展出了漂流精神与漂流文化迅速发展。漂流文化促使人们战胜自我、勇敢前行、顽强奋进。"雅漂"和"珠漂"都体现了中国人民在身体与精神上挑战自我、超越极限的能力。

目前,国内的大部分地区都有适合漂流的区域,我国营业性漂流场所在不断增加,而且国内各个地方几乎都在开展群众性的漂流探险活动,尤其是年轻人非常喜爱这项运动,户外运动爱好者更是被漂流运动的惊险性、刺激性、趣味性以及独有的时尚、健康色彩所吸引。

(二)漂流技术

1. 扎筏

进行漂流的第一步就是扎筏。如果河流非常宽广,能够顺利航行,那么漂流就能发挥出便捷、快速的优点。

对于探险者来说,建造木筏更加实际。即便没有用很好的原材料来制造,也不容易倾覆。进行漂流前,探险者应在营地附近的安全水域进行试航,确保浮艇和木筏的可靠性。

扎筏漂流通常是在丛林地区的季风性的河水中进行。丛林中,有着足够数量的船木和理想的竹林,用连根拔除的树木建造浮艇更加坚固,不易腐败。如果必须砍伐船木,建议砍伐那些倾斜的树木,这样比较省力。扎筏时,选择顶端有死枝的树干,这样扎出来的筏更加结实。

支撑木筏漂流的材料可选择油桶或其他漂浮物。如果找不到坚实的船木,可以将防水帆布或其他防水材料作为运载工具。不管在什么样的水域,都不要用轻薄脆弱的材料做木筏,否则容易倾覆。在崇山峻岭中,河流的流速很快,必须采用坚实牢固的木筏确保安全。如果漂流至下游宽阔的河面后竹筏散架了,那么探险者就不得不游泳至岸边,距离很远,有一定危险。

下面分析几种不同材质筏的特点。

(1)竹筏(竹排)

在湍急的河滩中,竹筏很容易卡住或翻沉,所以不宜使用。在风平浪静之时,采用竹筏漂流是非常有韵味的。手持长篙，一边撑着，一边观赏风景，这就是漂流运动的魅力。

扎竹筏时，最好制成双层竹筏，因为依靠单层竹筏来支撑人体重量有一定难度，而且单层竹筏不容易操纵。其步骤为，将粗壮的竹竿砍成 3 米长的一段，分别在竹竿的两端与中央钻孔，用坚韧的树棍穿孔，用藤条牢牢地将竹竿与树棍绑在一起。

（2）木筏或夹筏

扎木筏或夹筏制作速度相对较快。用圆木作为筏身，在圆木柄端固定四根厚实的木棍，从而将木筏扎成木排。

（3）皮筏

皮筏是最常用、最普遍的一种筏，且非常实用。通常用橡皮或高分子材料制作皮筏，至少有三个独立的气室，正常使用时不会漏气。皮筏的材料非常柔韧，充气囊具有以柔克刚的功效，所以有很强的适应性，在瀑布或险峻河谷中也能顺利通过。

（4）独木舟

那些长期进行野外探险的户外运动爱好者会选择制造独木舟作为漂流工具。最简单的方法就是选择一截粗壮树干，将树干的中央烧空，或者将桦树皮或兽皮柳木牢牢钉在上面，就制作了简易的独木舟。

（5）混合筏

混合筏是借助可漂浮的油桶、兽皮等建造而成的，建造方法借鉴的是竹筏和木筏的构造方法。

2. 应付漩涡

如果船无法凭借自身惯性从漩涡中通过，被汹涌的波浪撞回，被迫停下来，那么筏内很可能会进水，导致船猛烈地旋转、倾斜。一些凶险的漩涡甚至会将筏彻底掀翻。这时，探险者要快速进入顺流的水中，避免随着竹筏倾覆。具体方法是用桨或橹划动顺流的水，使筏身露出水面，如果没有办法脱离，就要用岸上的绳子把筏拽出漩涡。

3. 应付倾覆

大的漩涡、波浪及障碍物等都有可能导致筏倾覆，这时候必须头脑冷静，理清救援的先后顺序，先自救，再救其他同伴，最后在可能的情况下保护装备。

具体来说，应对倾覆需注意以下几点：

先尝试跳开，以防撞到障碍物。如果确定自己卷不到逆流中，则尽可能地浮在水面上，另外也可以选择上岸。

尽量与同伴共同行动，如果发现有同伴失踪，应立刻对船下进行检查，确定同伴是否被衣物或其他物品缠住。

落水者通常很难从倾覆的船内游向岸边，这时其他船只的漂流者要主动救援落水者，其他船只应在远离急流的平静水面，在确保自身安全的前提下实施救护。救援船只逆水接近倾覆的船，将倾覆筏的一条缆绳捞起，再向岸边牵拉，其余船只救护落水者，确保人员安全。

4. 靠岸

漂流时，难免会遇到急流和瀑布，这时，应在无人的急流区系上救生绳，使船顺利驶过急流与瀑布，并在岸上时时刻刻控制筏。要注意的是，绝对不能将绳索套在自己身上，这个操作是错误的。为更好地控制筏，需在绳上打结或将绳套在树上，带好所有物品靠岸。

（三）漂流运动安全

1. 了解水上漂流需要具备的条件

水上漂流，必须树立"安全重于泰山"的意识，特别是在急流险滩间漂流更要注意安全问题。只有平安、顺利地完成漂流，才能充分体会到其中的乐趣，留下美好的记忆。因此，逞匹夫之勇，霸王硬上弓是不可取的，每位探险者在下水之前都应做足准备，首先了解参与水上漂流需要满足哪些条件，看自己或团队是否满足以下条件：

是否了解漂流河段的地理知识。

是否有皮筏可以承担物资运输。

是否有用于救护的独木舟。

是否有经验丰富的职业桨手。

是否准备了救生衣、帐篷、安全帽、水上服装等基本用品。

是否准备了急救器材和药品。

2.水上漂流安全指导条例

准备漂流前，对河道进行细致入微的研究。收集相关指南、地图等信息，对河流的流量、斜度、气候、季节性涨落及危险地段等进行深入研究，这个过程中要重视因雨季、融雪以及水闸泄水而引起的突发性涨落。

漂流过程中时刻穿着救生衣，在危险地段小心前行。遇到困难时不要慌乱，遵循先自救、再救伙伴、最后保护装备的原则进行救护。

准确看待自己的操作能力，对比较困难的河流不要贸然尝试，重点标出超出自身条件或装备能力的急流。急流探险是整个团队共同的事情，所以需要参与者全力配合，互相帮助，通力合作。每个人都要从大局出发，根据团队的计划和需要行动，不单独行动。

漂流过程中，造成竹筏倾覆的因素有很多，如灌木丛、成堆的木材、倒下的树木、桥桩等障碍物，这些障碍物缠绕在水中的一些东西上，会导致水产生巨大的压力。

落水后，冰冷的河水往往会导致落水者浑身无力，很快丧失自救能力。当水位降低或气温下降时，应穿防寒服，注意保暖。所有人自备一套干衣服放在防水包里，以备不时之需。在寒冷的水中漂流会导致体温过低，上岸后要立刻添衣保暖。

学习救生知识，带好急救药箱。身体感到不适或出现外伤时，要及时吃药或处理。

了解如何应对漩涡、倾覆等情况，掌握在激流中游泳的办法，掌握穿过急流时给船系绳索的技能。

确保设备正常使用，时刻检查船外侧的绳索是否松动，是否缠绕人，必须携带空气泵、修理箱和安全绳。

在遇到困难时为寻求帮助，可能需要游泳或赶路，此时应穿上网球鞋，避免脚受伤。

选择正规、专业的漂流团体，尽量和熟识的伙伴一起出游。将领头船和随行船标明，船只之间保持安全距离，避免因急流发生碰撞的情况。

搜索那些无法从上游看清楚的急流。

在容易出现急流的下方停一只船，以便出现困难时提供帮助。

团队中至少要有两条船，所有队员都要熟悉自己团队的船的标志和一些重要的救生程序。

三、潜水运动基础知识

（一）潜水运动概况

1. 潜水的定义

潜水（Diving），原意是在携带或不携带专业工具的情况下进入水面以下，进行勘查、打捞、修理和水下工程等作业活动。之后，潜水逐渐发展成为一项户外运动，以水下活动为主要内容，从而达到锻炼身体、休闲娱乐的目的，深受大众喜爱。

2. 潜水的发展

像鱼儿那样自由自在地在水下随意游走是人类由来已久的愿望，早在2800年前，美索不达米亚文明处于鼎盛时期，阿兹里亚帝国的军队用羊皮袋充气，从水路出发攻击敌军，也许这算是潜水运动的雏形了。距今1700年前，海边渔夫在海里潜水捕鱼的场面在《三国志·魏志·倭人传》中得到描写。到了1720年，某个英国人利用一只木桶潜到水下20米深的地方，成功地完成了海底打捞活动。由此可见，潜水活动历史悠久。我国的潜水运动已有2000多年的发展历史，从古代的"扎猛子"，到如今使用各种器械的现代潜水，潜水运动已在全世界范围内蓬勃发展。

现代的潜水运动前身则起源于160年前，英国的郭蒙贝西发明了从水上接泵运送空气的机械潜水，也被称为头盔式潜水。1924年，有人开始用玻璃做潜水镜，并利用泵从水面上吸取空气的"面罩式潜水器"，这是水肺潜水器材的前身。同年，日本潜水者运用面罩式潜水器成功潜入地中海底70米，成功地捞起沉船八阪号内的金块，此举震惊全世界。在第二次世界大战期间，有的国家开发了"空气罩潜水器"，采用密闭循环式，并有空气瓶的装置，这在军事上有直接用途。第二次世界大战末期，法国研发了开放式"空气潜水器"，这种潜水器在欧美非常流行。近年来，随着潜水器材的不断进步，潜水运动的发展也是越来越快速，有越来越多的人参与到潜水运动中来。

3. 潜水的分类

总之，任何运动都存在不同程度的风险，而潜水运动的风险性往往被大多数人所高估。事实上，潜水是一项高度要求纪律的运动，如果参与者真正受到专业的培训而又按照潜水运动规则进行的话，就不会面临太大风险；如果不按规定行事，就很容易出现问题甚至危险。

潜水时，人在水上或浸在水中，身体受到浮力的支撑，整个人有一种轻飘飘的感觉；在水下，见到的是一个新世界，想成为一个真正的探险家，就要亲身投入到大自然的怀抱之中。潜水时，可以抑制呼吸，潜入到清澈透明的水中；也可以跟着感觉走，向任何方向移动，就像鱼儿自由自在地游动一样，得到一种不受拘束的感受。尘嚣繁杂琐事早已在不知不觉中消失于脑后，心烦、压力也不复存在了。

潜水是人在水中进行的活动。人虽然无法在水中生存，但为了探险、打捞、觅食，以及近年来不断提高的休闲娱乐需求等，人们总喜欢去尝试那些平常接触不到的活动，因而，潜水运动随着现代科技的进步和需求，按照人们的运动目的，逐渐发展成多样的形式。

潜水运动可分为浮潜和给气潜水两大类。

浮潜还可以细分为浮游和屏气潜水。浮游的主要特征是只浮在水面而不潜入水中；屏气潜水的主要特征是在憋住呼吸期间潜入水中。

给气潜水就是潜水者在潜水期间能得到气体的供给。给气潜水也可细分，一是自给气潜水，二是供气潜水。自给气潜水是指潜水者自己携带氧气瓶进行潜水，也被称为水肺潜水；供气潜水是指潜水者依靠送气管从水面将空气输送进行潜水，也被称为水面供气潜水。近几年，世界各个海岸旅游景点区域都专门设有水面供气的潜水活动，供游客体验在海底世界畅游的乐趣。

（二）潜水装备

1. 基本个人装备

（1）面镜

潜水用的面镜与游泳防水镜不同，面镜的作用是平衡压力，防止水进入鼻腔。

（2）呼吸管

有了呼吸管，人在浮潜时不用将头露出水面也可以呼吸。在水肺潜水活动中，潜水者通常通过呼吸管进行水下作业。

（3）潜水服

潜水者尽量穿上潜水服，即便在热带地区也要这样，因为深水中的温度较低，而潜水运动的运动负荷和运动强度不比游泳。长时间在寒冷环境下，可能会造成身体疲倦、反应迟钝、肌肉痉挛等症状，因此有一套合身、舒适的潜水服是很有必要的。

（4）浮力调整器（BC）

浮力调整器是用来控制浮力的装置。在水面上时，潜水者通过 BC 可以轻易地浮在水面上；在水下时，潜水者通过微调 BC 内的空气来获取最佳的浮力状态，即中性浮力。

（5）空气压力调节器

人不能直接吸入气瓶里的高压气体，这就需要通过空气压力调节器来对压力进行调节。调节器由一级头和二级头组成，一级头连接着浮力调整器，二级头用于潜水者的呼吸，很多潜水者都配有一个备用的二级头。

（6）气瓶

气瓶中装有高压空气或混合气体，供潜水者在水下进行呼吸。气瓶需要定期进行专业检验，对潜水爱好者来说，通常在潜水地点租用即可，不需自行购买。

2. 辅助潜水装备

（1）潜水电脑

用来记录潜水者潜水过程的各项数据，并能直接给潜水者提供减压时间等重要参数。

（2）潜水浮标

潜水时必须在水面放置浮标，以告知水面上的船只避开。

（3）潜水日记

对潜水经历与过程进行记录，最好由潜水活动的相关管理人员签署进行证明。

（4）潜水刀

潜水刀有着很多用途，潜水者被鱼线、渔网或海藻缠住时可以用潜水刀将这些障碍物割断。

（5）水下电筒

这是夜间潜水的必备工具。

（6）药品箱

存放一些常用药品和紧急包扎物品，如创可贴、晕船药、止泻药、感冒药等。

（7）水下记录板

用来和同伴进行充分沟通。

（8）装备袋

装备袋是放置潜水用品、设备的专用工具，当然，像潜水电脑等贵重的东西尽量随身携带。

3. 专业潜水设备

专业潜水设备主要包括潜水摄影和摄像机，此外还有特别的防水外壳。很多摄影设备的厂家纷纷推出与自己摄影器材相匹配的防水外壳，同时也推出一些专门用于水下摄影的器材。

（三）潜水技术

1. 技术要领

（1）潜水前的事项

感冒、耳鼻疾病、神经过敏病、心脏病、高血压、糖尿病等患者避免进行潜水运动。下水前，要学习呼吸管和调节器的使用方法、水面休息方法以及紧急情况处理等。入水前的准备工作非常重要，潜水者必须亲自检查装备功能是否正常，之后同伴相互再检查一遍。

（2）入水的姿势

正面坐姿入水。这是初学者使用的一种入水姿势。侧身入水。在橡皮艇上浮卧滚身入水。正面直立跳水。水深需超过1.5米，潜水者双脚前后开立，一只手按住面罩，另一只手按空气筒背带。背向坐姿入水。背向水面，坐于船帮上，向后仰面入水。

（3）潜降

采用浮力调节器，配合配重带，头上脚下的潜降；如果不采用浮力调节器，则头下脚上地潜降。

（4）上升

上升速度控制在18米/分钟以内，不要超过潜水者自己呼出的气泡的上升速度；上升时抬头看水面，可以伸出右手指定方向。注意背后，身体缓慢自转；上升过程中不要停止呼吸。

2. 潜水的原则

（1）两人同行原则

潜水通常是两人同时进行的，从入水到上岸都要在一起。潜水教练不得允许潜水者自行上岸，潜水者要与教练保持联系。

（2）落单时的应对原则

保持镇静，上浮几米，寻找同伴。如果找不到同伴就浮出水面，注意观察气泡。超过10分钟后依然找不到同伴的踪迹，就返回入水地点。通常情况下不要猎杀水中的动物。每隔10米检查残压计余量。

3. 潜水手语

潜水运动中，有以下几种通用手势：

"OK"手势代表潜水者现在情况良好。

食指指示方向，表示注意该方向的物体。

右手握拳，拇指向上，表示上浮。

右手握拳，拇指向下，表示下潜。

四、皮划艇运动基础知识

（一）皮划艇运动概况

皮艇最早起源于格陵兰岛上的居民制作的小船。据史书记载，古代格陵兰岛的居民把用兽皮、兽骨等材料包制而成的皮筏艇作为可以乘坐的狩猎工具。

划艇是从独木舟演变而来的，英文"Canol"即是独木舟的意思。有记载的第一次皮划艇比赛是在1715年的英国，由一个英国演员托马斯·多格特组织的。到19世纪90年代，出现了许多皮艇旅游和比赛。苏格兰人约翰·马克格雷戈被人称为"皮艇之父"。他造了一条长4米、宽75厘米的叫罗布罗伊的小船，船重30千克。在1864~1867年间，他乘皮艇游遍了英国所有的江河湖海，然后到了法国、德国、瑞典，甚至到过巴勒斯坦。回到英国之后，就建立了皇家皮艇俱乐部。

在美国人W.F.B.克劳森倡导下，1924年，国际皮划艇联合会在丹麦首都哥本哈根成立，它是第一个国际性的皮划艇组织。四年后，在德国柏林举行的奥运会上将皮划艇列为永久比赛项目。第二次世界大战之后，国际皮划艇代表大会，改名为国际皮划艇联合会，国际划联为1948年伦敦奥运会提供了几种型号的比赛皮艇和划艇，这是第一次使用国际划联统一规定船的比赛。

（二）皮划艇技术要领

皮艇技术包括选桨、握桨、艇上坐姿、划桨的一个循环动作、呼吸、起航、冲刺及多人艇的配合等技术。

1. 皮艇的基本技术

（1）选桨和握桨

皮艇运动员选桨时，两手正握桨杆、对称地放在头顶上。上臂与两肩平行，肘关节屈曲成90°，这时两手距离桨颈15厘米左右，再加上两端桨叶的长度（桨叶一般长45～55厘米），即为该运动员较适宜的桨长。

另一种选桨方法是运动员站立在平地，一只手握桨竖立在身前，另一只手臂举起用食指和中指能勾住桨叶顶端，即是适宜用桨。

皮艇运动员的桨是一支两端为桨叶的桨，桨的长度根据身高而定，男子为216～226厘米，女子为214～224厘米。为了更好地用力并减少空气阻力，两片桨叶做成偏转70°～90°。桨叶偏转角的大小，可以根据运动员手腕关节的灵活程度而定。握桨时，可以用右手操纵转桨，左手成空握。也可以左手操纵转桨，右手成空握。握桨的距离十分关键，肘部弯曲90°，若角度稍大或稍小一些对某些风格也有影响。

（2）皮艇的坐姿

运动员坐在船舱内的中心线上以利于保持艇的平衡。两膝屈成120°～130°，躯干前倾5°～15°。运动员自然地正坐船中，头部正直，颈部放松，两眼正视前方。

（3）皮艇划桨技术

皮艇划桨是以两边相同的动作在左右两侧轮流重复划动，要求运动员动作高度协调。划桨一个周期动作的构成如下。

①入水和抓水。以左桨划水为例，桨叶入水时，上体应围绕纵轴最大限度地

向右转动，肩轴和躯干一起转动约70°，左膝弯曲使臀部稍向前移动，而右膝微伸。这时左肩下斜，左臂充分前伸，左前臂与手成一直线，右手在头旁，离右耳20～25厘米。

桨叶入水时贴近船体。臀部、胸部、肩部、臂部等肌肉均紧张收缩，左脚撑住脚蹬板，桨叶与水平面成40°～50°，入水点应超过自己脚尖。桨叶入水发力于腰部，同时转体蹬腿开始直臂拉桨。在入水阶段，桨叶的运动方向是向前、向下、向外。

②拉桨。抓水和拉桨之间没有间隔。力的传递是从抓水开始一直到拉桨结束。拉桨时腰部发力，躯干加速用力向左牵拉转动。左脚撑住脚蹬板，要有用力推艇向前的感觉。右臂屈臂支撑，右手高于下颌，与眼齐平。

左臂拉桨时，左腿随着转体而进一步对脚蹬板产生更大的压力，而右臂微屈肘，努力控制划桨的有效垂直部位。划桨至大腿中部，左臂开始屈肘准备出水。在拉桨阶段桨叶的运动方向是向后、向下、向外。

恢复。恢复分成出水、放松和稳定三个部分。

第一，出水，拉桨臂拉桨至髋关节处结束，这时迅速提肘，手腕向外翻转，使桨叶从侧向滑出水面。桨叶出水应干净利索，出水太慢、太迟会影响船体速度，还会过多的消耗运动员的体力。桨叶出水和入水一样，都是一个划桨动作过程中速度最快的阶段，艇速越快，出水和入水也越快。

第二，放松，拉桨臂在一侧拉桨出水后，到另一侧桨叶入水前，是放松和稳定的阶段。在放松阶段，运动员双肩下垂，大部分肌肉放松。这时拉桨手迅速向上挥桨，复位到肩的上方。

第三，稳定，稳定阶段是恢复的最后环节。运动员屏住呼吸，全身肌肉重新紧张，为下一次强有力入水做好准备。

整个划桨动作是一次连贯、协调的周期性运动，即使是恢复阶段，也应是轻快而流畅的，应是没有任何停顿的，不允许艇的速度在两次拉桨之间有明显的减速现象。

2.划艇的基本技术

（1）选桨和握桨

由于单人划艇与双人划艇用桨的长度不同，运动员要根据用途来选桨。一般单人划艇桨的长度同运动员的身高，双人划艇桨的长度与运动员的眉梢齐平。两手握桨时，上手（推桨手）正握桨把（手柄），下手（拉桨手）握在距桨颈15~20厘米处。

（2）划艇划桨的技术

划艇分左桨和右桨，划桨动作是单侧划行。因此，比皮艇更难控制平衡。它的一个划桨周期也可以分为入水、拉桨、操向、出水、恢复和稳定阶段。

①入水。入水是从桨叶尖端触水到桨叶全部浸入水中的阶段。入水时，运动员的躯干前倾，转体伸肩。两臂伸直，推桨臂的肘部抬高，肩稍后移，手在头的上方。桨杆与水平面约成45°，将桨叶快速插入水中。

②拉桨。桨叶入水后，推桨手迅速前推并撑住，使桨叶抓住水。拉桨手的肩后移，利用抬体和转体的力量直臂向后拉桨。从入水后到拉桨，运动员应将身体重量压在桨上。拉桨时腰背挺直，臀部肌肉紧张，拉桨手拉至跪腿开始屈臂。拉桨手的手腕先向内转，同时肘部向外翻，到上体抬至接近垂直时拉桨结束。

③操向（转拨桨）。在单人划艇上，由于桨手始终在艇的一侧划桨，力的作用会造成艇的转动，因此，在每一桨结束时，桨手都用"J"形划法来控制舟艇的方向。桨手以推桨手的下压和转动"T"形桨把，拉桨手手腕内转上提，顺时针转动桨杆，将桨叶面转到与艇的纵轴线成30°~40°。这时好像桨手把水推离舟艇，从而使舟艇回到直线航向上。

④出水。紧接着操向动作结束，两臂继续向前上提桨，桨叶即迅速从水中提出。这时桨叶的运动方向是向前、向上、向外。出水动作必须快而轻柔，使桨叶出水时干净利落，不挑拨水花。桨叶与水面成135°左右。

⑤恢复。桨叶出水后，运动员上身挺直，开始转动上体，并把桨继续向前上方推出。恢复阶段要注重肌肉的放松和调整呼吸节奏，以更好地保持动作的协调和连贯。

⑥稳定。稳定在恢复阶段的最后，运动员全身肌肉再度紧张，屏住呼吸准备下一次桨叶入水。

第四节　户外拓展训练

户外拓展训练是近些年来非常受欢迎的一种团队教育方式，具有很高的价值。

一、拓展训练基础知识

（一）拓展训练的含义

拓展训练，主要是指利用高山、丛林、溪流等大自然条件以及相关设施，让参与者充分进行各种心理体验，进而获得知识和心智的增长，并积极改变自身的行为，提高自己的综合素质。

拓展训练是一种户外体验式学习，可以很好地塑造团队精神。在拓展训练过程中，组织者需要对训练环境进行精心设计，通过户外活动的形式让参与者进行各种心理体验，从而使拓展训练达到"磨炼意志、陶冶情操、完善人格、提升团队"的目的。

随着现代社会的发展，拓展训练已经成了一种新型的团建方式，受到各行业人士的欢迎，成为一种很好的教育方式，对于提升人的综合素质非常有效果。

（二）拓展训练的场地

在当前的拓展训练市场中，通常会使用自然环境与人造环境相结合的场地，它是充分利用了原有的自然环境，对原有自然环境中不适合拓展训练项目的某一部分进行人为改造（不破坏场地原貌）。比如，利用大坝做沿绳下降，利用河流与钢索搭建场地组织和开展渡河活动等。

（三）拓展训练的价值

拓展训练包含很多种类的项目，不同种类项目具有不同的价值。

1. 沟通类项目的价值

现代社会是一个需要沟通和交流的社会，只有拥有较强的沟通和表达能力，才能在社会中站稳脚跟。这类项目的主要目的是锻炼和提高人的沟通和表达能力。主要包括孤岛求生、黑暗列队、驿站传书等拓展训练项目。

2. 竞争类项目的价值

（1）培养坚强的意志

良好的竞争意识可以调动一个人的主观能动性，激发一个人学习的自觉性，磨炼一个人的意志，促进一个人不畏艰险，知难而进，通过不断的竞争和个人坚强的意志去实现人生价值。

（2）提升人的抗挫折能力

人们在日常的学习和生活中常常会遇到一些挫折，通过参加竞争类项目，可以提升参与人在学习和生活中的抗挫折能力。

（3）提高人的学习能力

现代社会，是一个竞争非常激烈的社会，只有不断地学习，才能适应社会的竞争，因此，参加竞争类拓展项目，可以提高人的竞争能力，为人生竞争打好坚实的基础。

3. 团队合作类项目的价值

当今社会，任何项目的完成都需要团队之间的密切合作，因此，必须想办法提高人的团结合作精神。合作类拓展训练项目绝大多数都具有较高的难度，在完成这些项目的过程中，需要团队成员之间的团结协作，培养其团队信任感与奉献精神，促进其形成民主意识。

4. 心理类项目的价值

在拓展训练中，心理类拓展项目具有很高的价值，参加心理类项目，可以提高参与者克服困难的勇气，培养其自信心，并学会换位思考。此外，通过心理类项目的训练，还可以挖掘个体的内在潜能，促进其更好地发展。

5. 领导类项目的价值

领导类拓展训练可以促进参与者领导能力的发挥，参与者在这个过程中要扮演好领导者的角色，由领导者带领团队，引导团队为了完成特定的任务，明确任务，分工协作，并共同完成项目任务。因此，领导类项目，可以很好地提高参与者的领导能力。

二、空中项目基本内容

（一）高空断桥

1. 项目简介

高空断桥是一个以个人挑战为主的项目，在整个过程中，需要一个人独立完成。"断桥一小步，人生一大步"浓缩了整个高空断桥项目的精华所在。

2. 场地器材

组合训练架或专项训练架，高 7～12 米。

直径 10.5 毫米动力绳 2 条，连接后下垂：一根与桥上人员齐膝长，供拓展教师使用；另一根系在腰上，用于保护桥上的学员。静力绳一根，与训练架高度相等或略长，用于攀爬保护。

D 形锁或 O 形锁 4 把，用于连接在两条平行的钢索上（有安全滑轮装置可省），主锁 4 把。

足球护腿板 2 副。

3. 项目目的

①培养克服恐惧、敢于面对各种困难的态度。

②学习认识自我、挑战自我以及战胜自我的方法。

③学习自我说服与自我激励，认识鼓励他人与获取鼓励的重要性。

4. 实施过程

一定要学会头盔、安全带、止坠器与主锁的使用方法，掌握护腿板的使用方法。

连接好安全装备，在接受全体队友的队训激励后，沿立柱爬上高空的断桥桥面，换好连接保护装备，沿板走到桥板的板头，两臂侧平举，然后大声地问队友："准备好了吗？"当听到"准备好了"的回答之后，自己大声喊"1、2、3"，喊到了的同时跨步跳到桥板另一端。单脚起跳，单脚落地，然后按同样的要求再跳回来。

在桥面上不允许助跑，跳跃时最好两手不抓保护绳，确实紧张时可以一只手轻扶绳子以维持身体平衡，但不允许紧拽保护绳；完成连接保护装备后，沿立柱慢慢爬下，落地时避免下跳。

完成后休息片刻,解下安全带并开始帮助队友穿戴头盔与安全带,随后加入加油的队伍。

5. 总结体会

对完成挑战任务的参与者给予鼓励。

让每一位参与项目挑战的人都发表一下自己的看法,鼓励那些在完成过程中不够出色的人。

根据大家分享的观点,对其中已经说出来的理念给予肯定,对那些没说出来的观点给予补充。

让挑战者讲述在地面跨越和在高空中跨越的差别,并比较两者之间的心态变化。

让参与挑战的选手谈一谈自己在激励方面的感受,是自己在心中自我鼓励管用,还是受到他人的激励更管用。

"断桥一小步,人生一大步",让参与者谈一谈自己和朋友在面对困难时,怎样渡过难关的故事。

(二)信任背摔

1. 项目简介

信任背摔是非常经典的拓展训练项目之一,参加培训的人可以从这个项目中体会到彼此的信任,感受到责任与关爱,体会到团队的支持力量。

2. 场地器材

1.4~1.6米的标准背摔台(背摔台上有扶梯或半角围栏会更好)。

0.8米长、0.02米径宽的背摔绳一根。

海绵垫一块。

物品整理箱一个,用于上台的队员放置物品。

3. 项目目的

培养团队成员之间的信任感。

提升参训者挑战自我的勇气,并形成良好的心理素质。

发扬团队协作精神,增加团队责任感。

培养参与者换位思考的意识。

4. 实施过程

（1）个人挑战部分

参训者调整好自己的心态，并接受队友的激励，沿着梯子慢慢爬上背摔台，并站到指定的安全区域。参训者两臂前举，双手外旋，十指交叉相扣，内旋然后紧紧地靠向身体，由训练师绑上背摔绳。在训练师的引导下，参训者慢慢走向台边，背向人床站立，脚后跟超出台面少许，两脚并拢，膝关节绷紧，下颌微收略含胸。参训者调整自己的呼吸，并大声地问队友："你们准备好了吗？"当听到队友齐声回答"准备好了"以后，开始喊"1、2、3"，喊到了的同时直体向后倒向人床。

（2）团队接人部分

身高体重比较相近的两个人伸出右脚呈前弓步面对面站立，两脚左右间距略比肩窄，脚尖内侧相抵，膝关节内侧相触，保持一定的重心。同时，上身要略向后倾，收紧腰部。双臂向前平举与肩同高，双手搭在队友右肩前，掌心与肘窝都向上，手指伸直，手臂自然伸展进入用力状态。与对面的人的双臂平行或者双臂夹对面队友的左肩，放在对方肩前，两人四臂夹紧，略含胸，尽可能胳膊均匀分布减少空隙。注意抬头看着台上队友的后背，避免砸到自己的头部，当队友倒下时顺势将其接住。

（3）接住以后

当大家接住队友之后，注意缓慢地将其放下，注意要先放脚，等到队友站稳以后才可以彻底松手，解开背摔绳后换另外一位。

5. 总结体会

对完成挑战任务的参训者进行鼓励。

让每一位参训者都说出自己的感受，并给予其积极的肯定。

让所有参与者谈一谈自信以及被信任的感受。

（三）求生电网

1. 项目简介

求生电网是一个典型的穿越障碍的团队合作项目，在这个项目中每一个人都必须做出极大努力，短暂的放松就可能会给他人造成很大的麻烦，甚至会让所有的人前功尽弃。

2. 场地器材

室外宽阔的平坦场地，可以是专用电网设施，或者利用固定立柱（树桩）临时编、挂一张 3～4 米宽，1.6 米高的绳网，网内设有专门用于学员通过的网眼，数量为学员人数的 110%～120%，在较低处留 2 个相对好通过的网眼。

3. 项目目的

培养参训者合理规划，有效组织，统一行动，亲密协作的精神和能力。

增强参训者充分利用资源和分配资源的能力。

充分认识到合理分工以及服从组织安排的重要性。

4. 实施过程

求生电网要求所有人在 40 分钟之内，从网洞中穿过，到达电网的另一边。

每个网眼只能通过一人次，通过后这个网眼就宣告封闭；在穿网的过程中，身体的任何部位都不能触网，包括头发和衣服等；如果在穿网过程中，身体任何部位触网，那么网眼将会被宣告封闭，导致正在通过的人也要退回重新选择网眼通过。

在实施过程中，不能出现任何危险动作，一旦出现，拓展老师应该及时进行制止。

5. 总结体会

对于完成任务的参训者进行鼓励和肯定。

让每一个学员都谈谈自己对项目的感受，并对其发言进行肯定，对于在项目完成过程中做出一定贡献的人给予特别的表扬。

让参训者谈一谈自己第一次看到这张网时的感觉。

谈谈自己在资源分配中的感受，例如如何分配网眼和通过的人。

谈一谈在被别人抬起时自己心里的感受。

谈谈对细节决定成败的认识，以及在完成任务过程中的信心和决心。

三、地面与心智项目基本内容

（一）盲人方阵

1. 项目简介

项目的名称叫盲人方阵，也被称为黑夜协作，这个项目主要强调团队精神和团队协作能力。

2. 场地器材

边长不小于 25 米的平整开阔场地一块,长 3 米、5 米、15 米左右,粗 1~1.5 厘米的绳子各一根,并预先打结、揉乱,并准备与参训学员人数相等的眼罩。

3. 项目目的

培养团队成员的沟通技巧和决策能力。

体验在特殊情境下的团结合作方式。

了解团队领导对于团队的影响和作用。

4. 实施过程

为了真实地表现情境,所有参与者都必须戴上眼罩,确认参与者完全看不到亮光。

在参训者附近不超过 5 米的范围内有一堆(捆)绳子,当拓展训练师宣布开始后,先将绳子找到,并在 40 分钟内把它围成一个与绳子长度匹配的最大边长正方形,组好后,所有人相对均匀地分布在这个正方形的四条边上。

参训者所做的这个正方形是一件价格极高的产品,其他许多队伍也做了同样的正方形,大家要一起竞标,并以足够的理由证明产品的优势。

在整个项目进行的过程中,任何人都不能摘去眼罩,戴上眼罩后应将双手放置在身前,不得背手行走,严禁蹲坐在地上。

当参训者确认完成任务后,将绳踩在脚下,并通知拓展教师,得到准许后才可以按照拓展教师的要求摘下眼罩。

(二)击鼓颠球

1. 项目简介

击鼓颠球,也被称为鼓上飞球,以团队挑战为主,训练团结协作的能力。

2. 场地器材

平整空旷场地 1 块,系有 14 根 3 米细绳的大鼓一面。

排球或同类用球 1 个。

3. 项目目的

培养学员取长补短、团结协作的能力。

培养学员不怕困难、不断进取、勇创佳绩的能力。

体验团队成员之间相互鼓励的意义和作用。

4. 实施过程

每人牵拉一根鼓上的绳子，如果人多绳少可以轮流替换，如果人少绳多可以让某些学员牵拉两根。

在颠球的时候，学员要握住绳头30厘米以内的地方，绳头如果有把手的话只能握住把手。

颠球开始后，鼓不得落地，球飞离鼓面后，鼓不得摔落在地上，在放下时要慢。

球颠起的高度不低于鼓面20厘米，否则此球不计数或从头计数。

5. 总结体会

通过团队成员之间的分工协作，体验目标管理的意义。

体验决策的过程。

如果在短时间内无法制定出方案，懂得先做后说比纸上谈兵要重要得多。

（三）人际关系项目训练

1. 个性名片

美国的销售大师乔·吉拉德有句名言："在推销产品之前，先推销自己。"对于"推销自己"的理解，大家也许都很清楚，无非就是让别人喜欢自己、接受自己、信任自己，对自己产生好感、产生兴趣，这是现代社会要求每个人都应具备的很重要的一种能力。谁能够成功地推销自己，谁便拥有了成功的开端。这个活动旨在培养学生推销自己的意识和能力，促进同学间的认识和交流。

项目训练目的。锻炼在人群面前推销自己的意识和能力。通过个性名片的交流，让学生了解他人，并尽快让别人熟悉自己，为以后的交往打下坚实的基础。

项目训练时间。训练时间可以为30分钟。

项目训练准备。个人信息卡、笔。

项目训练步骤。每人一张名片，名片上要写出不少于5条的个人信息。可以对自己的名片进行合理的设计，从而获得别人的兴趣和好感。主动向别人介绍自己的个性卡片，内容可以抽象，也可以具体。每人至少向5个人推销自己的名片，同时也推销自己。项目结束后，相互交流活动感受。

2. 相识就是缘

俗话说，有缘千里来相会，无缘对面不相识。在茫茫人海中认识彼此就是缘，团队刚刚组建时，成员之间彼此不熟悉，为了促进成员之间的相互了解，可以使用相识就是缘的项目。

项目训练目的。通过此项目让学员体会到与人交往的乐趣，增强学员主动与人交往的意识。在学员彼此的交流过程中，找到"有缘人"，并且意识到与人交往是一件比较容易的事情。

项目训练时间。项目训练的时间大约为30分钟。

项目训练准备。将各种不同颜色的卡片，根据学员人数剪成不同的形状，要求同一颜色、同一形状的卡片各两张；背景音乐。

项目训练步骤。在播放着背景音乐的氛围里，要求学员从袋中摸出一张卡片。接着每个学员分头去寻找与自己持有相同颜色和形状卡片的人，找到后两个人彼此自我介绍，并且找到彼此3个以上的共同点。全体学员互相进行交流。

四、其他项目基本内容

（一）破冰类项目

"破冰"是指打破人与人之间的怀疑、猜忌和疏远，增加团队融合度，使队员之间更加亲近。破冰类拓展训练项目能使学员乐于交往、相互学习，形成一种和谐的团队气氛。下面介绍几种常见的破冰类拓展项目：

1. 面对面介绍

项目目的。使每个人能迅速融入团队并相互熟悉和了解，打破学员之间的隔阂，加深对每个人的印象。

项目准备。一块平整的场地。

人数和时间。人员：20人以上。时间：15分钟。

操作步骤。相对排成两个同心圆，边唱歌边转，内外圈的旋转方向相反。歌声告一段落时停止转动，面对面的人彼此握手寒暄并相互自我介绍。歌声再起时，游戏继续进行。

注意事项。在学员参加项目的过程中，培训师要留意他们的安全问题，避免伤害事故的发生。

2. 进化论

项目目的。活跃气氛，增强学员之间的友谊关系。

项目准备。一块空地。

人数和时间。人员：10人以上。时间：20分钟。

操作步骤。全体人员先蹲下扮成鸡蛋。相互找同伴进行猜拳，赢者进化为鸡仔。赢者找鸡仔同伴再猜拳，赢者进化为凤凰，输者退化为鸡仔。一直进行几分钟，直到大部分的人都进化为凤凰为止。

注意事项。在学员进行训练的过程中，培训师要注意他们的安全问题，避免伤害事故的发生。

分享心得。项目旨在轻松与开心，不需要做过多的学习讨论。

3. 猜猜我是谁

项目目的。让初步认识的队员再次彼此认识，让团队中的人都熟悉起来。

项目准备。场地：室内外均可。器材：不透明的幕布1条。

人数和时间。人员：10人以上。时间：不限。

操作步骤。参加的学员分成两边。依序说出每人的姓名和希望别人称呼自己的绰号。教师与助理用幕布隔开两边成员，分组蹲下。

第一阶段：两边成员各派一位代表至幕布前，隔着幕布面相对蹲下，教师喊"1、2、3"，然后放下幕布，两个学员以先说出对面成员姓名或绰号的为胜，胜者可将对面成员俘虏至本组。

第二阶段：两边成员各派一位代表至幕布前背对背蹲下，教师喊"1、2、3"，然后放下幕布，两位成员靠组内成员提示（不能说出姓名，绰号），以先说出对面成员的姓名或绰号为胜，胜者可将对面成员俘虏至本组。

活动进行至其中一组的人数少于3人时即可停止。

分享心得。如果继续玩下去谁会赢？谁会输？双赢的概念是什么？

（二）娱乐分享类项目

团队成员之间的分享能令成员之间的关系更加亲密。从生活和工作的角度出发，分享很有可能是提高做事效率的一个重要的途径。在现实生活中，娱乐分享类拓展训练项目主要有以下几种：

1. 踩气球

项目目的。增强团队成员之间的相互信任，培养大家的团结协作能力，加强彼此之间的了解和信任，增强大家之间的团队友谊精神。

项目准备。器材：气球若干，小细绳若干。场地：平整、空旷的场地。

人数和时间。人员：不限。时间：20分钟。

操作步骤。将学员分为两个组，先将女生分组，保证每组至少有一名女生，男生按照身高排成一排，并平均分成2组。

参赛两队的人数必须相等，每人分发四个气球，在宣布比赛开始后，自己将气球吹起，然后系在自己的脚踝上。

双方队员在保护好自己的气球不被对方踩破的前提下，千方百计地踩破对方队员的气球。以一方队员的气球均被踩破为负，另一方为胜。

注意事项。提醒学员避免彼此拥挤摔倒。

2. 解手链

项目目的。让受训者了解解决问题的一般步骤，使学员体会聆听沟通的重要性，并深刻领会团队的合作精神。体会个人力量无法解决的问题。当一个环节出现问题时，可以从全局的角度出发去解决。

项目准备。需准备场地，可以是教室。

人数和时间。10人一组，20分钟。

操作步骤。让每个小组围成一圈。按教员的指示做。

举起左右手，握住身边那个人的右左手，交叉放在胸前。

在不松手的情况下，把人网张开，成为一个组员之间手拉手的圆。

第五章 户外运动项目教育实践的安全保障体系

户外运动项目具有风险性高的特点，在运动过程中时常会发生各种各样的意外情况，因此，做好户外运动项目的安全保障工作是尤为重要的。本章内容为户外运动项目教育实践的安全保障体系，介绍了户外运动项目教育的原则与注意事项、户外运动项目教育的体能与心理准备、户外运动项目教育的营养需求与补充、户外运动项目教育的急救知识储备、户外运动项目教育计划的制订。

第一节 户外运动项目教育的原则与注意事项

运动者在参加户外运动锻炼时要把握一定的原则，这样才能保证运动的顺利进行，尽可能地避免运动伤害事故。

一、户外运动项目教育的原则

（一）适量性原则

适量性原则是指运动者在进行户外运动时要注意自身的生理负荷，不能过度运动。一般来说，运动效果或运动质量的好坏，在很大程度上取决于运动刺激的强度。运动刺激的强度太小不能引起身体功能的变化，运动刺激的强度太大又会对身体产生损伤，只有适宜的刺激强度才会有利于能量的消耗和锻炼身体。

因此，必须坚持适量性的原则，量力而行。如果发现有头晕恶心、四肢无力、精神萎靡等身体不适的现象出现，说明运动强度过大，需要及时调整。

（二）针对性原则

针对性原则是指参与户外运动应从个人的实际情况和外界环境条件的实际出

发，确定运动的目的，选择适宜的户外运动项目，合理地安排运动时间和运动负荷。这是增强身体素质及提高运动水平必须遵守的原则。

1. 从个人的实际情况出发

不同的人由于性别、年龄、体质和健康状况的差异，进行户外运动时要从自己的实际情况出发，有目的地选择和确定运动强度、练习方法，合理地安排锻炼时间和运动负荷。在每次运动前要评估自己当时的健康状况，使运动的难度和强度不超过自己身体承受能力。若违反人体发展这一基本规律，只会损害身体健康。

2. 从外界环境条件出发

参加户外运动时，要从季节、气候、场地、器材等外界条件的实际情况出发，按照科学锻炼的方法来选择运动场地、练习时间、运动负荷，才能收到良好的运动效果。

（三）安全性原则

安全性原则是指在参加户外运动时，运动者首先要对自己身体各部位、各器官进行医学检查，根据自身的实际情况合理选择运动项目，做好运动安排，以防发生运动意外。

户外运动中安全性原则的运用要求运动者要结合自身具体实际，合理选择和制定适合自己的运动计划，做到自我监控、量力而行，切忌盲目模仿，照搬别人的做法。

二、户外运动项目教育的注意事项

户外运动的主体是团队，提倡"人人为我、我为人人"的团队互助精神，共同完成一次愉快的户外活动。

成员之间相互尊重，遇到问题时欢迎提出积极的建议或意见，一旦领队统一决定则需共同服从安排。

针对不同类型、强度的活动，俱乐部及领队有权对报名参加活动的成员进行筛选，以保证活动安全顺利地实施。

第二节　户外运动项目教育的体能与心理准备

一、户外运动项目教育的体能准备

从事户外运动，首先要有健康的体魄和充沛的体能。所以，在决定进行户外运动之前，应制订一个详细的计划，做好充分的体能准备。

（一）健康检查

为获得良好的体能储备，运动者在参加户外运动前，首先要检查自己的身体状况，如果盲目地参加运动很可能损害健康。一般来说，身体健康检查的内容主要有以下四项：

心率：以食指和中指压按在颈动脉上数脉搏，测出 1 分钟内的脉搏数。

血压：利用专业的血压计测量出血压值。

脂肪：以拇指和食指横向掐起腰部的肌肉，测量出两指间皮肉的宽度，以 2.5 厘米为基点，每超过 0.5 厘米即表明超重 4.5 千克。

运动后心率：以轻快的步伐和平稳的速度上下蹬踏 40 厘米高的长凳 5 分钟，然后坐下测出 30 秒的颈动脉脉搏数。

（二）体能储备与训练

1. 跑步

一般来说，优秀的户外运动者都把跑步作为基础训练课程。在跑步锻炼时，要逐步增加训练量，提高运动强度，本着循序渐进的原则进行。跑步训练过程可分为速度不同的多个阶段，如在长跑的过程中采用一定的快速跑练习。速度的变化调动了快速收缩肌，可增强人体加速运动的能力，由此身体可以获得不同速度和耐力的训练。

2. 山地训练

大量的研究与实践表明，山地训练是提高运动者体能素质的最为有效的方法之一。山地训练对身体素质提出了非常大的挑战，相当于在奔跑的同时举起等于体重的重量，使肌肉承受更大负荷。山地训练可提升肌肉长距离、大负荷运动的能力。

3. 负重训练

一般来说，常见的负重练习手段主要有以下几种：

仰卧推举训练。仰卧，肩膀位于杠铃下方，背部保持平直，向上推举杠铃直至手臂伸直。

一侧膝盖和手放在平凳上，另一侧手握哑铃。握哑铃侧手臂向上抬起，与肩平，放松手臂，与地面垂直。或两手握哑铃，置于身体两侧，轮流举起至胸部高度。

两手握哑铃于体侧，交替上举至体侧位置，然后放松，身体保持正直。上身前屈，背部保持平直。双手持哑铃同时侧平举，直至与地面平行，然后放松。

杠铃抓举训练。握杠铃后站立，手臂伸直，背部挺直，慢慢将杠铃放回地面。这一训练能够加强背部肌肉和股四头肌。

垂直下拉训练。两手握住握柄，完全利用臂部肌肉力量平缓用力下拉，小心放松握柄，不断重复此动作。

4. 阻力训练

与山地训练一样，阻力训练也能够有效提高人体肌肉的负重能力，为参加户外运动做好充分的准备。然而和长跑一样，过度的负重训练会使受训者养成脚步缓慢、步履沉重的跑步习惯，因此在训练的过程中要严格控制。

5. 循环训练法

循环训练法能够增强体力，并适宜与跑步、游泳等运动配合进行。循环训练法综合各种力量训练，可以将其设计为一项特定的运动。通常每一个循环训练包括6~10组训练，训练之后应该让肌群放松。

蹲下，右腿在前，左腿在后，跃起；重新蹲下，左腿在前，右腿在后。重复这个动作，然后将两腿的运动位置颠倒过来训练。

跪下，膝盖、肘部和前臂平放地上。右踝放松，左踝缠绕在右踝上。背部挺直，慢慢举起左腿，重复另外一条腿。

躺下，腿伸直，双手交叉抱头。举起一条腿，向上拉躯干，使另外一只胳膊接触伸起的腿的膝盖。换方向重复这一动作。

俯卧撑。背部持续挺直，手掌俯地，与肩同宽。弯曲肘部，直到下巴贴于地面，然后伸直胳膊，注意肘部不要紧锁。

手放于臀部，膝盖弯曲，下蹲，再次站直，背部完全挺直。重复十次。

6. 俄勒冈循环训练

俄勒冈循环训练起源于美国，是一种极好的户外训练形式。

蹲在地上，右腿在前，膝盖接触胸部，左腿在身后伸直。跳起，再恢复蹲姿。换腿重复进行。

躺下，双膝弯曲，双手抱头，背部离地，直到双肘碰到双膝。

躺下，双腿弯曲，双脚平放于地面；抬起一条腿，伸直。另一条腿重复相同动作。

俯卧撑。背部持续保持笔直，手平放于地上，下巴朝向地面，肘部弯曲，然后再伸直。注意不要锁住肘部。

手由两侧向上划弧，跳起，同时伸起双臂在头上击掌。重复这一动作。

躺下，双手放于头上，举起一条腿，向上拉伸身体，另一侧肘部接触膝盖。换方向重复这个动作。

双手放于胯上，屈膝下蹲，再次站直。

二、户外运动项目教育的心理准备

在进行户外运动前，除了做好体能准备外，还要做好心理方面的准备。户外运动心理准备主要包括以下方面：

（一）明确目的

运动者在参加户外运动前，首先要清楚自己参加户外运动的目的是什么。一般情况下，人们参与户外运动的主要目的是挑战自我，实现自我，这是人类高层次的精神需求。人们在产生行为动机后就有了明确的运动目标，因此更能激发参与运动者的积极性，从而向着既定目标前进。

（二）加强防范意识

在户外运动中，不可预测的因素有很多，随时都有可能发生各种危险事故，因此，我们要树立安全防范意识，这样才能时刻警惕危险，最大程度上避免运动危险事故。对于户外运动爱好者而言，在平时的运动锻炼中，要主动建立安全防范的意识，可以利用业余时间查阅一些关于户外运动安全方面的书籍和资料，以充分了解和掌握户外运动安全的基本知识，另外还可以定期或不定期地参加一些安全教育讲座，要从根源上重视户外运动安全教育，身体力行地接受户外运动安全教育，这样才能培养和提高自己的户外运动安全防范意识。

（三）保持良好心态

户外运动具有极强的冒险性和危险性，运动者有时可能会在不经意间陷入十分危险的境地。然而，面对危险和困难，人们不仅要有各种生存的技巧，同时更要在当时的情景下保持良好心态，并具有顽强的意志以应对危险和困难。因此，学会控制自己的情绪，调节自己的心理是参与户外运动的重要心理准备内容。

（四）正确认识各种困难

人们在面对困难和挫折时，往往容易产生不良的心理行为，心态失衡就会影响对客观事物的判断，从而产生错误的认识，如不能及时纠正，就可能误导自己的行为。要避免这种情况的发生，我们必须要清醒地认识到自己头脑中存在的各种错误想法，然后采取积极有效的措施进行自我纠正。户外运动的风险并不可怕，关键在于是否有应对风险的思想准备和安全措施。作为户外运动者，要做好充足的心理准备，正确认识各种困难，发生困难时能够积极应对。

（五）培养心理承受能力

户外运动是一项考验运动者意志和体力的活动。运动者在参加运动的过程中，疲劳、饥饿、干渴、寒冷和各种困难带来的不良感受等，都会造成心理上的压力。因此，我们要努力提高自己的心理承受能力，尽力分散自己对这些身心感受的注意力，把精力全部集中在如何克服眼前客观存在的困难上，这样，注意力的转移就会让身心的不适反应随着时间的推移而逐渐消失。

总之，心理训练是户外运动准备的必要措施，只有经常性地坚持参加运动锻炼才能获得理想的训练效果。

第三节　户外运动项目教育的营养需求与补充

一般来说，户外运动的运动量都比较大，运动者在运动的过程中会消耗大量的体力和能量，因此加强运动者的营养补充是非常重要的。

一、人体营养需求

（一）营养

营养是指人体不断从外界摄取食物，经过消化、吸收、代谢和利用食物中身体需要的物质（养分或养料）来维持生命活动的全过程。营养并不是一种养分的特质，而是全面的生理过程。机体内物质代谢是维持生命、促进有机体生长发育、维持脑力劳动和体力劳动正常进行的基础，因此人体一定要不断地从外界（食物）摄取一定数量的新物质。

（二）合理营养

合理营养是指运动者每天所吃食物提供的热量和营养素与其每天完成训练的运动量所需能量和营养素之间保持平衡。运动者要想参加户外运动，离不开营养的合理补充，每天在选择食物种类和数量时，要确保营养的均衡与合理补充。

一般来说，不同的食物有不同的生理功能。但维持人体正常需要的营养素只有六种，即蛋白质、糖类、脂肪、矿物质、维生素和水。不同营养素的生理功能各有差异，人体的代谢活动离不开这些营养素的共同参与。自然界中，任何一种天然食物所含的营养素都是有限的，人类不可能从一种食物中补充所有的营养素。只有按一定的比例来合理搭配多种食物，才能满足人体的生理需求。因此，运动者在补充营养时，所选择的食物要种类齐全、含量适度、比例适当。

（三）人体营养需求

一般来说，健康体魄的形成与保持脑力及体能劳动的正常进行等都需要合理的膳食来提供能量。一个人性别、年龄、身高、体重、新陈代谢和活动量决定了其每天对必需营养素的需要量。美国有关部门定期发布推荐每日膳食营养供给量，这是对健康人的膳食需要量进行计算的一个科学有效的方式。

美国农业部门曾经提出，肉类和植物蛋白质、面包和谷物、乳制品以及水果和蔬菜这四类基本食物共同组成平衡的膳食结构。当前，为了确保人们能合理补充必需营养素，降低疾病的发生率，一种新的、优化的膳食建议被提出。这个建议中，针对不同人的不同热量消耗，提出了四类食物的不同搭配。例如，如果一个人的热量需要量为6994.4千焦，其每天的食物搭配为谷面类食品6份、蛋白质食品3份；如果一个人的热量需要量为10041.6千焦千卡，其每天的食物搭配为谷面食品10份、蛋白质食品5份。通常，人体对脂肪的摄入量应占到总热量的30%，而摄入的谷类、水果、蔬菜量可适当增加。

二、户外运动训练的营养需求

（一）水

水在人体中约占体重的50%~60%，可以说，人体新陈代谢的一切生物化学反应都必须在水介质中进行，因此水对于人体生命的维持至关重要。

1. 水的营养功能

参与人体正常的代谢过程：人体的各种活动都离不开水这一重要介质，它参与机体内代谢过程，一切代谢活动离开了水都无法进行。

维持机体正常的新陈代谢：由于水有很强的溶解能力，许多物质可以溶解在水中，通过循环系统转运，因此我们可以说水是体内吸收、运输营养物质，排泄代谢废物最重要的载体。

调整并维持正常的体温：水的汽化热很大，1克水汽化要吸收2426.72焦热量。因此，汗液的蒸发可散发大量热量，从而避免体温过高，维持正常的体温。

润滑功能：泪液、唾液、关节液、胸腔腹腔的浆液起着润滑组织间经常发生的摩擦的作用。

⑤水还能够较好地维持血容量，使脏器的形态和机能得到有力保障。

2. 水的供给量与食物来源

一般情况下，人体的需水量取决于排水量。通常情况下，成人每天应补充2000~2500毫升的水，但具体要视年龄、气候、运动强度等情况有所差别。当高温、运动等情况下出汗多时，供水量应相应增加。人们在平时生活中直接饮入的液体，食物中含有的水分，以及蛋白质、脂肪和糖在体内代谢产生的水分等，都是水的重要来源。

（二）糖类

糖是由碳、氢、氧三种元素组成的一类化合物，其中氢和氧原子数之比正好是2：1，与水（H_2O）相同，因而被称为糖，又称碳水化合物。由于糖是供给肌肉收缩的主要能源，因此，可以说糖是运动中最重要的能量来源，根据分子结构的繁简，糖分为单糖（包括葡萄糖、半乳糖）、双糖（包括蔗糖、麦芽糖、乳糖）和多糖（包括淀粉、糖原、纤维素、果胶）三大类。

1. 糖类的营养功能

总体来看，糖类的营养功能主要体现在以下方面：

（1）供给人体能量

糖是人体最为经济的热能来源之一，它在人体内可迅速氧化及时提供能量。脂肪和蛋白质氧化供能受机体供氧条件的限制，但肌糖原在肌肉活动时能快速氧化供给能量，不受机体供氧条件的影响和制约，可充分满足机体的需要。

（2）构成神经和细胞的主要成分

通常情况下，所有的神经组织和细胞核中都含有糖的化合物。糖蛋白不仅是细胞的组成成分之一，还是结缔组织的重要组成成分，糖脂、核糖和脱氧核糖核酸参与构成神经组织。

（3）抗生酮作用

糖类能够为脂肪在体内氧化供给能量。如果糖类供给不足，脂肪则氧化不全，即会产生酮体，酮体在体内积存过多，可以引起酸中毒。因此，糖类具有一定的抗生酮作用。

（4）保肝解毒作用

糖与蛋白质结合成糖蛋白，通过保持蛋白质在肝中储备量，摄取充足的糖量，能够使肝糖原的储备量有所增加，从而使肝对某些化学毒物等有毒物质的解毒作用进一步加强。糖原对各种细菌引起的毒血症也有解毒作用。由此可以看出，糖原不仅能够保护肝脏，使其免受有害因素的损害，而且还能使肝脏保持正常的解毒功能。

（5）节省蛋白质作用

运动者在参加户外运动的过程中，在人体摄取的糖类不足时，机体就会从蛋白质获取能量。需要注意的是，如要最大限度地利用氨基酸合成蛋白质，在摄取蛋白质的同时一定要有足够的糖类供给。如果糖的摄入充足时，人体就会首先将糖作为能量来源，这样可以节省蛋白质。

（6）维持心脏的正常生理活动

人的生命活动中，心脏活动的正常维持离不开磷酸葡萄糖和糖原的热能供给。由于神经系统中只能储存很少的营养素，只能利用葡萄糖进行热量的供给。因此，神经系统热能的唯一来源是血中地葡萄糖。如果血糖过低，人体就会失去必要的供给能量，从而导致运动能力丧失甚至危及生命。

2. 糖类的供给量与食物来源

（1）糖类的供给量

糖类的供给量受到饮食习惯、生活水平和劳动性质等因素的影响。中国营养学会建议，除了2岁以下的婴儿，一般人体糖类的摄入量应以占总能量的55%～65%为宜。

（2）糖类的食物来源

谷类和薯类是糖类的主要食物来源。其中，谷类含量为40%～70%，薯类为15%～29%。食糖几乎100%是糖，蔬菜、水果中也含有一定的糖类。由此可见，糖类的食物来源非常广泛，人们可以从生活饮食中摄取必需的糖类。

（三）脂肪

一般来说，人体能量贮存的有效形式就是脂肪。膳食中过多的脂肪摄入易贮存于人体的皮下和内脏周围脂肪组织中，脂肪来源不仅有膳食中的脂肪，而且膳食中过多的糖和蛋白质也能够转化为脂肪。脂肪大致可以分为三类，即单脂肪、复合脂肪和派生脂肪。

1. 脂肪的营养功能

（1）脂肪是高热能物质

脂肪占空间小，可大量储存在腹腔空隙、皮下等处。体内摄入多余的热量，则以脂肪的形式存储，成为机体的"燃料库"。人在饥饿时首先动用体脂来避免体内蛋白质的消耗。

（2）促进脂溶性维生素的吸收和利用

鱼肝油和奶油富含维生素A、维生素D，许多植物油富含维生素E。维生素A、维生素D、维生素E和维生素K是脂溶性维生素，脂肪能有效促进这些脂溶性维生素的吸收。

（3）保护内脏器官，形成皮下脂肪以维持体温

脂肪能够填充衬垫、支持和保护固定体内各种脏器和关节。另外，脂肪是热的不良导体，皮下脂肪不仅能够防止体温过高向外散失，而且还能阻止外界热能传导到体内，因此，脂肪还有维持人体正常体温的作用。

（4）增加食物的美味和饱腹感受

脂肪可使食物酥软、香脆，增进食欲；脂肪在胃肠道内停留时间长，所以有增加饱腹感的作用。

（5）构成生理物质

细胞膜的类脂层主要由磷脂、糖脂和胆固醇构成，合成胆汁酸、维生素D和类固醇激素又需要胆固醇这一原料。

2. 脂肪的供给量与食物来源

（1）脂肪的供给量

人体对脂肪需求量主要受环境、体质水平等因素的影响。一般情况下，膳食脂肪的供给量不宜超过总能量的30%，其中饱和、单不饱和、多不饱和脂肪酸的比例应为1∶1∶1。亚油酸提供的能量能达到总能量的1%～2%即可满足人体对必需脂肪酸的需要。通常情况下，每天摄入50克脂肪就能满足人体的正常需要，参加户外运动可以多摄入一些。

（2）脂肪的食物来源

猪油、羊油、牛油、奶油及蛋黄等动物性食物，是脂肪的主要来源，另外大豆、芝麻、花生等植物性食物中也含有较多的脂肪。胆固醇只存在动物性食物中，一般鱼类的胆固醇和瘦肉差不多。

（四）蛋白质

蛋白质是人体一切生命活动的基础，它主要由碳、氢、氧、氮四种元素构成，其中氨基酸是身体用来组建蛋白质的基本单位。一般情况下，蛋白质并不是人体主要能源。但如果在糖摄入不足的情况下，那么蛋白质可转变为葡萄糖供给能量。

如果糖摄入充足，那么食物中过多的蛋白质就会转变为脂肪，储存在脂肪组织中作为重要的能量储备。

1. 蛋白质的营养功能

（1）构成机体组织与细胞的主要成分

血液、肌肉、骨骼、皮肤等都由蛋白质参与组成。另外，蛋白质还对机体生理功能起到重要的调节作用，是体内缓冲体系的组成部分，能够有效保持体内的酸碱平衡。

（2）供给能量

蛋白质除了能够在糖和脂肪供给的热量不足的情况下，氧化分解放出热能外，在正常代谢过程中，陈旧破损的组织和细胞中的蛋白质还会分解释放出一定的能量。另外，体内蛋白质更新分解代谢中也能放出能量。由此可见，蛋白质是人体重要的能量来源。

（3）构成酶和激素的成分

许多具有生理功能的物质，其构成都离不开蛋白质。酶本身就是蛋白质，在正常体温的情况下，酶广泛参加人体各种各样的生命活动。另外，激素能够有效调节代谢过程，而且承担氧运输的血红蛋白、进行肌肉收缩的肌动、肌球蛋白和构成机体支架的胶原蛋白等，它们本身就是蛋白质。

（4）构成免疫作用的抗体

一类球蛋白是有免疫作用的抗体，在体内和病原体（即抗原）起免疫反应，从而起到保护机体免受细菌和病毒的侵害、提高机体抵抗力的重要作用。

（5）维持酸碱平衡

在维持体内酸碱平衡和水分的正常分布方面，蛋白质也具有非常重要的作用。

2. 蛋白质的供给量与食物来源

（1）蛋白质的供给量

如果是来自奶、蛋等食品的优质蛋白质，则成年人不分男女均为每日 0.75 克/千克体重。如果是来自植物性食物的蛋白质，则一般人体的供给量需要定为每日 1.0~1.2 克/千克体重。

（2）蛋白质的食物来源

膳食中蛋白质的来源主要是植物性食物和动物性食物。奶、蛋、鱼、瘦肉等动物性食物中所含蛋白质含量高、质量好。谷类和豆类等植物性食物，尤其是大豆中，含有丰富的优质蛋白质。谷类是我国人民膳食蛋白质的主要来源，一般来说，蛋白质含量居中（约10%）。蔬菜水果等食品中也含有少量的蛋白质。

（五）维生素

维生素也是维持人体健康的必需营养素。维生素在机体的代谢、生长、发育过程中起着非常重要的作用。正常人每日只需要少量维生素，摄入的量要适宜，否则不利于身体健康。目前大致有14种维生素，主要分为两大类，一类是包括维生素C族、维生素B族的水溶性维生素；一类是包括维生素A、维生素D、维生素E、维生素K等的脂溶性维生素。每种维生素都有自己独特的功能，缺一不可。下面主要阐述几种重要维生素的功能与食物来源。

1. 维生素A

（1）营养功能

维生素A的作用主要表现为健齿、健骨、使皮肤光洁、帮助消化等。

（2）供给量与食物来源

一般成年人及儿童0.6毫克/天。动物肝脏、深黄色或深绿色蔬菜、红黄色水果、蛋黄等食物中富含维生素A。

2. 维生素D

（1）营养功能

一般来说，维生素D不仅有利于钙和磷的吸收、利用，而且还具有一定的健齿和健骨功能。

（2）供给量与食物来源

维生素D的供给量，儿童一般为10微克/天，成人5微克/天。肝、乳、蛋黄等食物中所含维生素D较多。

3. 维生素E

（1）营养功能

在人体生命活动中，维生素E不仅具有抗氧化的功能，而且还能够有效提高人体的最大吸氧量。

（2）供给量与食物来源

一般情况下，人体所需维生素E的日供给量为10～12毫克。植物油、全粉谷物制品、禽蛋肉奶、绿叶蔬菜等食物中富含维生素 E。

4. 维生素 B_1

（1）营养功能

维生素 B_1 能增进正常食欲，帮助消化，维持正常的神经系统功能；维生素 B_1 能够有效促进能量代谢及糖代谢生成 ATP。

（2）供给量与食物来源

一般成年人 1.2～2.0 微克/天。主要来源为米、面、核桃、花生、芝麻和豆类等粗糙粮食的胚芽和外皮部分，故加工越精细，损失越多。另外，瘦猪肉、动物肝脏等物质中也含有维生素 B_1。

5. 维生素 C

（1）营养功能

一般来说，维生素 C 的主要功能为健骨、健齿、维护血管和预防细菌感染等。除此之外，维生素 C 还具有抗氧化、缓解人体疲劳和疼痛的作用。

（2）供给量与食物来源

在水果、叶菜类、谷类等食物中都含有丰富的维生素 C。其易受储存和烹调破坏，所以蔬菜、水果应以新鲜、生食为好。

（六）矿物质

矿物质也是人体必需的营养素之一。矿物质主要包括两大类，一种是含量较多的，包括钙、钠、磷、镁、氯、钾、硫的常量元素；一种是含量较少的，包括铁、锌、碘、铜、硒、氟等微量元素。人体内所含矿物质元素的种类很多，总量约占体重的 5%。通常情况下，从基本的膳食中就能够满足人体对矿物质的需求，注意摄入量要适宜，摄入过多或过少，都会对身体造成一定的伤害。矿物质是机体组织的重要构成成分，能保证机体其他成分的合理利用。

1. 钙

（1）营养功能

钙对于骨骼和牙齿的坚固，正常心肌活动和神经系统功能的维持具有积极的作用。

（2）供给量与食物来源

一般来说，钙的供给量，成年人一般为 0.6 克/日，儿童、少年、孕妇和老年人供给量应较高,每天为 0.8~1.5 克。奶及其制品,绿叶蔬菜、虾皮、豆类、海带等食物中含有丰富的钙。

2. 铁

(1) 营养功能

铁与蛋白质一起构成血红蛋白,在体内起运载氧的作用。

(2) 供给量与食物来源

一般成年男子需要摄入 12 毫克,妇女为 18 毫克,孕妇和乳母的需求量较高,需达到 28 毫克。含铁最多的是肝脏,其被人体吸收率也最高,瘦肉、豆类、蛋类等食物中铁的含量也较高。

3. 磷

(1) 营养功能

能够帮助机体有效吸收其他的营养素。

(2) 供给量与食物来源

各类动物性和植物性食物中都广泛存在着磷。需要注意的是,如果人体摄入的蛋白质和钙的量足够多,那么磷的需要量也会得到充分的满足。

4. 镁

(1) 营养功能

能够使正常的肌肉和神经系统功能得到较好的维持。

(2) 供给量与食物来源

镁是常量元素中体内含量和需要量最少的,通常情况下是不会缺乏的,但如果在运动时出汗过多,就会有较多的镁流失,应增加镁的供给量。富含镁的食物有植物性食物,比如全粉谷物、豆类、蔬菜及海产品等。

5. 锌

(1) 营养功能

能够使正常的细胞修复、再生和生长等机能得到较好的维持。

(2) 供给量与食物来源

一般来说,成人每天摄入 15 毫克锌即可,孕妇和乳母对锌的需求量较大,每天应达到 20 毫克。锌主要来源于动物性蛋白质。

6. 钾和钠

（1）营养功能

能够使体内的水分平衡和肌肉的正常机能得到较好的维持。

（2）供给量与食物来源

通常情况下，人体是不需要补充钠的。但是在从事大量的户外运动情况下，机体从汗中失钠较多，需要额外补充。在食物中，香蕉、橘子、土豆等都富含钾；食盐是丰富的钠源，几乎所有的食物都含钠。

（七）膳食纤维

一般来说，膳食纤维是植物性食物中含有的一些不能被人体消化酶所分解的物质。它们是可食植物的细胞壁间质的组成部分，是不能被人体消化、吸收和利用的多糖类碳水化合物，但却是维持身体健康必需的。一般来说，膳食纤维主要分为非水溶性纤维及水溶性纤维两大类：

1. 膳食纤维的营养功能

预防便秘：刺激肠蠕动并保持水分，增大粪便体积，软化粪便，促进排便，防止便秘。

促进毒素排泄，预防肠癌，具有养颜功效。

减缓葡萄糖的吸收速度，防治糖尿病。

2. 膳食纤维的供给量与食物来源

（1）膳食纤维的供给量

一般来说，健康人每日常规饮食中应有 30～50 克/千克体重纤维素。另外，还要求每日膳食不宜过分精细，主食要粗细搭配，副食要有荤有素。

（2）膳食纤维的食物来源

谷类、豆类、蔬菜、果皮等食物中都含有丰富的膳食纤维，其中，最主要的食物有五谷类、豆类、根茎类、蔬菜类、水果类等。

三、户外运动的营养补充

（一）水的补充

运动者参加户外运动会消耗掉大量的水分，因此运动中补水就显得非常重要，合理的补水原则应该是少量多次、补大于失。

一般情况下，运动者在运动期间和运动后的补水可以通过喝水的方式补充，也可以选择运动型饮料进行补液，在补水的同时补充体内消耗的维生素和矿物质。但要注意饮用量要适当，不能一次饮用过多，要少量多次进行。

（二）糖类的补充

户外运动者在参加运动期间，会消耗掉大量的能量，运动者在没有及时补充而又继续运动的情况下，运动能量所需要的糖类的大量消耗只能来自体内储备的糖原，从而造成糖原枯竭。严重的糖原枯竭可能会对运动者造成致命的伤害，因此运动者要高度重视运动中糖的补充。

一般来说，如果运动者参加户外运动的负荷较强，运动频率和强度非常大时，机体对能源的需求也很大，对糖的补充非常重要，但在补充糖类时要注意合理控制，不宜补充过多，否则就会影响运动的顺利进行。

（三）脂肪的补充

运动者在参与户外运动期间，体内脂肪的供给量应以满足生理需要为限，不能摄入过多或过少，以免增加胃部负担，引起心血管、脂肪肝等疾病，也应避免脂肪摄入过多增加体重使机体运动速度下降。因此，补充脂肪时，要限制摄入脂肪的质和量。

通常情况下，脂肪的摄入量以占摄入总能量的 20%～25% 为宜，应注意选用一些含不饱和脂肪酸的食油，少吃动物性脂肪。偏好肉类的运动者，可以多食用鸡肉、鱼肉等。

（四）蛋白质的补充

一般情况下，运动者在参加户外运动的过程中，蛋白质的补充与运动目标相关。通常来说，运动者蛋白质的供应量应达到 2 克/千克体重，优质蛋白质应占 1/3。

需要注意的是，运动前蛋白质的摄入不宜过多，如果摄入过多的蛋白就会增加水分的需要量，而大量饮水后则不宜参加激烈的运动。

（五）维生素的补充

运动者在参加户外运动的过程中，强度大的运动可加快机体代谢和能量消耗，同时使各组织更新速度加快，使维生素利用和消耗增多，运动尤其会加速水溶性维生素从汗、尿排泄，特别是维生素 C 的排泄，对此类维生素应有针对性地进行及时补充。

一般情况下，维生素的补充最好从天然食物中摄取，并注意控制维生素的供给量。且维生素的摄入量不宜过多。长期摄入过多的维生素可使机体的维生素代谢始终处于一个较高的水平，一旦饮食中摄取的维生素突然减少，会产生维生素缺乏症，引起机体代谢紊乱，导致运动能力降低甚至危害人体健康。

（六）无机盐的补充

运动者在参加户外运动的过程中，应特别注意以下几种无机盐的补充：

（1）钾

口服钾可迅速恢复生长素水平和促胰岛素生长因子的水平。

（2）铁

户外运动的运动强度较大，因此机体对铁的需要量较高，所以应加强铁的摄入。

（3）锌

锌是多种酶的组成成分和激活剂，能调节体内各种代谢，并影响睾酮的产生和运输，可饮用含锌饮料来补充锌。

（4）硒

硒是机体内谷胱甘肽过氧化物酶的辅助因子，具有消除过氧化物、增强维生素 E 的抗氧化能力等作用，与运动的关系非常密切。运动者在参加户外运动时，建议硒的摄入量应为平时的 4 倍，每天约 200 微克。

第四节　户外运动项目教育的急救知识储备

一、户外运动急救的步骤

在户外运动中，受客观条件的影响，难免会发生各种各样的意外事故，当意外突然发生时，急救人员需立即采取有效措施展开施救。而整个施救过程不是盲目进行的，需要遵循一定的步骤。

(一)确定救援方案,明确队员职责

在发生意外事故时,施救者首先应根据当时的实际情况维护局面的稳定,然后尽快地确定救援方案,并明确组员的具体职责。在确定救援方案的过程中,应积极动员每一个人都参与到救援工作之中,保证救援工作的顺利开展。在实施救援时,还要评估意外事故的严重程度,以便合理安排救援工作。

(二)安全接近伤者,确保其安全

安全地接近伤者,尽可能避免伤者受到二次伤害,确保伤者的安全。在接触伤者时,动作要迅速,同时还要注意保护其他组员不受伤害。

(三)对于威胁生命的伤势展开急救

在展开救援工作时,对于威胁生命的伤势应采取急救措施。如果伤者处于危险地带,应根据实际情况将伤者转移至安全地带,然后再开展相应的急救措施。为了保证伤者伤势的稳定,应避免多次移动伤者。在急救过程中,应对伤者的呼吸状况、脉搏状况和出血状况进行必要的检查,以免出现更为严重的伤势。

(四)保护伤者,稳定伤者情绪

在户外运动中,运动者发生伤害事故后难免会出现一定的负面情绪,因此在施救的过程中还要采取一定的措施和手段使其情绪得到稳定。在紧急救治之后,应避免再次移动伤者。如果环境较冷,应采取必要的保暖措施,覆盖衣物进行保暖;如果气温较热,应该进行相应的降温处理。在保持伤者体力的同时,还应积极与伤者进行沟通,对其进行安抚,促进伤者情绪的稳定。

(五)进一步检查伤者的伤势,避免恶化

在展开施救的过程中,对伤者做急救处理后,还应对其伤势做进一步的检查,进行全面了解,避免伤势进一步恶化。

(六)制订全面的行动计划

在实施紧急救援之前,还需要制订一个全面的行动计划。救护组长应综合考虑伤者的伤势,在此基础上考虑队员的数量、环境因素、与外界的联系等诸多方

面。综合衡量之后，制订下一步的行动计划。行动计划要切实可行，具有较强的可操作性。

（七）根据行动计划展开具体的救护工作

制订好相应的行动计划之后，根据制订的计划来开展对伤者的救护工作。在开展计划时，还应保证其他队员的安全和健康，应避免意外再次发生，针对意外情况采取必要的措施。若要转移，则必须选好向导并继续对伤者伤势进行观察，从而使伤者的安全得到保证；如需请求外部援助，则应对外部救援需 6~24 小时后才能到达的情况进行充分考虑。此外，要按照伤者的伤势和当时的实际情况合理调整行动计划，以便安全地展开救援工作。

二、户外运动自救与呼救

（一）自救

自救，是指依靠一个人或团体利用自身的能力解除危险、脱离困境。一般来说，户外运动的自救主要包括生理自救和心理自救两个方面。

1. 生理自救

生理自救的内容主要是为了保证我们的身体机能正常工作。在户外运动中常会出现一些自然灾难事故，学会生理自救的方法是非常重要的。

2. 心理自救

心理自救更多的是在突发事件发生以后或者长时间等待援救时必须进行的工作。如果说生理自救更侧重于户外遇险人员的生存知识和经验，心理自救则更多的是一种生存信念，我们在传授自救内容时切不可忽视心理自救能力的锻炼。

在发生意外事故时，不要恐惧，要保持平和的心态，保持充沛的体力和精力，以应对接下来的考验。要使自己能够受惠于可获得性资源，需要运用个人的知识、辨别能力和足智多谋，更为重要的是要有渴求生存的意识。在参加户外运动时，人们必须有能力使自己以及共患难的同伴都拥有乐观的精神。水、食品、火种及容身之所都是生存必需的，人们应该知道遇险时如何得到它们。户外运动者应懂得运用指导性理论知识去获取所需物品。

（二）呼救

在参加户外运动时，如果遇有同伴或任何人士在野外受伤的情况，应做到及时救援。可以发出求救信号，直至有救援人员到达为止。求救者要通过各种手段向外界呼救，比如手机、对讲机等，并尽量向救援者提供有效信息。一般来说，呼救的方式主要有以下几种：

1. 烟火信号

①燃放三堆火焰是国际通行的求救信号，将火堆摆成三角形，每堆之间的间隔相等最为理想，这样安排也方便点燃。如果燃料稀缺，简陋一点也可以。

②在白天，烟雾是良好的定位器，所以火堆上要添加散发烟雾的材料。浓烟升空后与周围环境形成强烈对比，易引人注意。

③在夜间或深绿色的丛林中亮色浓烟十分醒目。添加绿草、树叶、苔藓和蕨类植物等都会产生浓烟，可以引起人们的注意。

2. 音响信号

哨子的声音非常响亮，因此在可能的条件下，吹哨子是一种不错的求救方法。常用的 SOS 代码的声音节奏为：三短——三长——三短，之后，停顿 1 分钟再吹。

3. 反光信号

利用阳光可射出一定的信号光。可以说，任何明亮的材料都可用来进行反光。需要注意的是，这种光线可能会使营救人员目眩，所以一旦确定自己已被发现后，应立刻停止反射光线。

三、户外运动意外事故急救与处理

（一）地震

地震是地球内部长期积累的能量突然释放的一种地壳运动形式。在参加户外运动时，应学会如何处理。

1. 提前预防

留意自然界的反常现象，如动物的异常反应、特殊的地质变化。听到地震预报或者感觉到地震即将来临时，远离耸立的高大物体。防险地点的选择应注意：不要进入山洞，以防坍塌；不要待在山顶有碎石的山坡，以防被滑落的石块轧伤。

2. 求生方法

在晃动中尽量保持平衡或通过滚动的方法，逃离可能有重物压下来的地方。

一般情况下，首次地震会使任何建筑都不太牢固，在实施救援时，一定要戴好安全帽和其他保护用品。

在山上时，尽量往山顶移动。

3. 救援方法

搬动覆盖物时，要遵循先上后下的次序，观察倒塌物的上下结构，以免引起新的倒塌。

挖掘时，开始可以使用大型机械、工具，发现物品和服装等日常用品时，尽量徒手挖掘，以免给遇险者造成伤害。

救援人员要有防护设备，并时刻警惕余震发生。

（二）火灾

野外火灾主要是森林大火以及在野外宿营时由于用火不慎而导致的野营设施着火，会对树木、植被和当地居民造成非常严重的损害，也会给运动者造成一定的伤害。因此，一定要做好提前预防措施。

1. 提前预防

在生火时，要注意生火地点远离树木、草丛；不要在风口处点火；在有风天生火要用石块、泥块垒好防火墙；干树叶会引起飞舞的火星，有风天不要往火堆里添加干树叶；生火时，应在火堆旁准备好灭火的工具，如放上一桶水、准备好一堆泥沙土等；如遇到自然火灾要沉着冷静，迅速离开，然后再想办法灭火。

2. 求生方法

①遇到大面积火灾时，可以利用附近的地形逃生，最佳的地点是水塘、河流，其次是缺少植物的干涸河道、乱石岗。

②在草原遇到草地大火时，一定要向来风方向转移，在被大火包围时（火已经接近时），要顶风逃跑。

③如果被火包围，又无法逃脱，而附近的草丛又很快可以燃烧完，可主动烧出一块空地，并躲在空地上。

3. 救援方法

火势稍小时，可利用就近的水、泥土、湿树枝进行灭火。

在火势凶猛、无法直接扑灭时，可以在火点周围砍伐树木、割草，使火势无法蔓延；也可通过火烧的方法烧出防火道。

对窒息人员及烧伤人员马上进行处理。

（三）水灾

在户外运动中，做好水灾的预防与处理非常重要。在山区和河流下游易遭遇水灾。在山区进行户外活动时，如遇到暴雨，少则十几分钟、多则半个小时就有发生山洪的可能，采取的预防与处理措施如下：

1. 提前预防

在进行户外活动之前，应了解当地的天气情况和地形环境，天气条件恶劣时应果断取消户外活动。去野外活动时，应携带必要的工具，如绳索等。对可能发生的灾害应有较高的警惕性，遇到暴雨就应考虑山洪暴发、上游水库开闸放水等可能性因素。

2. 求生方法

如在山间行走遇到洪水暴涨，可向高处找路返回。山洪暴发常有行洪道，要向其两侧避开，千万不要待在山脚下。

在山间如果洪水将桥梁冲垮，可沿山涧行走，找河岸较直、水流不急的河段进行渡河。

如有绳索过河时应用手拉绳，无绳索时可手持竹棍、木棒试探水的深浅并保持身体平衡。迈步时步幅宜小不宜大，一脚踩实后再迈另一脚。几人同时过河可增加稳定性，但也要防止同时摔倒。

3. 救援方法

当水流比较湍急时，救援人员可在下游方向调整好自己的位置，选择最佳点，待水流把落水者冲下来时再实施堵截救援。

受过专门的水上救援训练者可进行下水搭救，下水救援时注意不要接近落水者，可以伸过去一根木棒或漂浮物，便于落水者抓住。

（四）滑坡

1. 滑坡前征象

滑坡裂缝是滑坡形成过程中的一种重要伴生现象。随着滑坡的发展，滑坡裂缝会由少变多，由断续变为连贯。

斜坡上出现局部沉陷，可能是即将发生滑坡的征兆。

房屋、地坪、道路、水渠等人工建筑物相继发生变形，特别是变形建筑物在空间分布上具有一定规律性时，是发生滑坡的前兆。

滑坡即将出现之前，一些树木会出现枯萎或歪斜等异常现象。

2. 避开滑坡

当地面变形速度加快、滑坡征兆越来越明显时，应提前主动搬迁到安全的地方。

在滑坡隐患区附近提前选择一处或几处安全场地。避灾场地原则上应选在滑坡两侧边界之外，不宜选在滑坡的上坡或下坡地段。在确保安全的前提下，避灾场地距原居住地越近越好，地势越开阔越好，交通和用电、用水越方便越好。

及时转移。通过实地踏勘选择好转移路线，转移路线要尽量少穿越危险区。要事先约定好撤离信号（如广播、敲锣、击鼓、吹号等），同时还要规定信号管制办法，以免误发信号造成混乱。

3. 滑坡危机应对

及时将滑坡情况上报当地政府部门，由政府部门组织将险区内的居民、财产及时撤离出险区。

发生滑坡时，要向垂直于滑坡轴的两侧山坡往上爬，爬得越快越高越安全。不要沿滑坡的方向逃避，也不要爬树躲避，更不要停留在低洼处。

逃生时抛弃一切影响奔跑速度的物品。

抢救滑坡掩埋的人和物时，首先要把后面的水设法排开，再从滑坡体侧面开挖，否则在开挖时后面的滑坡会影响抢救效率，甚至会再次发生危险。

第五节　户外运动项目教育计划的制订

在参加户外运动前，应根据户外运动的不同形式和特点，制订相应的活动计划。

一、选择活动地点

活动地点直接关系到活动的内容，选择活动的地点，首先要收集该地的历史、人文等资料，然后对所掌握的资料进行分析。

（一）搜集资料

1. 历史资料

收集历史资料主要分为两部分：当地的历史和最近去过该地区的外来人员活动的历史资料。比如近十年来去过该地区的人员行走的路线和他们写的日志、报告、照片资料等。这些资料对于即将去往该地的人们具有很强的参考价值。

2. 人文资料

收集当地人文资料，可以更具体地了解当地的文明，了解当地的文化。收集人文资料的目的就是要尊重当地的文明，尊重他们的习俗文化，不破坏具有历史人文古迹的建筑和文物，和谐地与当地人沟通相处。

除此之外，还需要收集当地的特殊情况和限制，这是因为了解特殊情况及限制可以让户外活动顺利安全地进行，这包括当地的地形、地貌、气候等。

（二）活动分析

在参加户外运动前，要重点分析活动地点的地形，这样才能预测运动中会出现什么问题，提前做好预防工作。

此地形适合做什么。不同的地形决定了户外活动的项目，因此在选择户外活动项目的时候要充分考虑到该地区的地形地貌。

此地形自身能做什么。除了第一点要考虑的问题之外，还要考虑此地形自身能做什么。

重点分析风险程度的大小，是否适合户外运动。

二、明确活动目的

在参加户外运动前，要明确活动的目标，从而实现户外活动作用的最大化。没有目标的户外活动，首先在安全上存在隐患，其次就是活动本身没有什么乐趣。因此，明确活动目标是户外运动计划的重要内容。

三、确定活动内容

在明确活动目标之后，就要根据活动目标，确定活动的内容。户外活动内容的选择，首先要在保证安全性的原则基础上，把风险控制在可承受的范围内，尽量安排有意义的户外运动项目，这样才能实现户外运动的目的。

四、预防内容

在制订户外活动计划时，还应注意以下事项。

（一）训练计划要简明、直观、实用

简明就是要求计划让人一目了然，不宜有过多的分析，文字要简练，对一些具体安排一般不再作过多的说明和解释。直观要求训练计划应以图表为主，辅以必要的简单的文字说明。表格用于表示训练计划中的训练目标、任务、内容、手段、负荷、比赛等一些安排和定量指标，而图示多用于反映负荷的动态变化及各种内容的说明部分等。实用要求计划中的各种内容要尽可能做到明确、具体和定量化，以便检查、分析和评定。这样才能保证户外运动爱好者顺利地按照计划参加户外运动训练，尤其是对于初学者而言。

（二）协调好运动计划中各种内容之间的关系

在户外运动计划中，协调好计划中各种内容的关系就是要求训练计划中的训练目标、任务、内容、方法、手段、负荷、恢复措施等各方面的安排要相互协调，以保证运动计划得到顺利的执行与实施。

（三）运动计划要有明确的指导思想

在设计户外运动计划时，应强调针对性原则，针对运动者的具体情况，如运

动者身体特点、体能状况、技能水平等,并结合户外运动专项特点和规律,明确运动训练的指导思想,以此展开运动计划的制订。

(四)训练计划有可行性

制订训练计划时必须考虑到所提出的各种指标和要求是否与运动员的情况和各种训练条件的可能性相统一,既不可提出过高要求,也不能过于保守,要根据"弹性控制"的原理,对训练目标、要求留有必要的余地。

(五)注意运动计划的稳定性与可变性

运动计划的稳定性和可变性是运动计划一个非常重要的特性。户外运动计划是在综合各方面的因素并进行反复的科学预测推敲和协调的基础上制定的,它应该是基本上符合未来即将进行的训练过程及训练对象的客观实际的,必须尽可能地执行,并保持计划的相对稳定性,不要随意改动。

然而,运动计划毕竟是一个针对未来进行训练过程的理论设计,加上受主客观等各方面不确定因素的影响,在运动计划执行的过程中难免会发生一些变化。此时,如果仍坚持原计划不变,那么运动的科学性就难以保证,因此,对原计划进行必要的修改和调整是完全必要的,其目的就是保证户外运动安全、顺利地进行。

参考文献

[1] 厉丽玉.户外运动与拓展训练[M].杭州：浙江大学出版社，2012.

[2] 董立.大学生户外运动[M].成都：西南交通大学出版社，2010.

[3] 陶宇平.户外运动与拓展训练教程[M].北京：电子科技大学出版社，2006.

[4] 张瑞林.户外运动[M].北京：高等教育出版社，2005.

[5] 董范，刘华荣，国伟.户外运动组织与管理[M].武汉：中国地质大学出版社，2009.

[6] 赵睿.冰雪运动技巧[M].北京：中国社会出版社，2007.

[7] 施纯志.水上运动与健身[M].哈尔滨：哈尔滨地图出版社，2009.

[8] 江乐兴.户外生存技巧[M].北京：清华大学出版社，2017.

[9] 介春阳.定向运动理论探索与户外运动拓展［M］.北京：清华大学出版社，2014.

[10] 胡炬波，厉丽玉.户外运动与拓展训练［M］.杭州：浙江大学出版社，2017.

[11] 马欣祥，田庄.对户外运动概念的重新甄别与界定[J].中国体育科技，2015，51（01）：140-145.

[12] 王立平，孙妍，王磊.当前我国大众户外运动发展现状研究[J].山东体育学院学报，2012，28（04）：19-23.

[13] 刘微娜，周成林，孙君.青少年户外运动动机对运动坚持性的影响：运动氛围的中介作用[J].体育科学，2011，31（10）：41-47.

[14] 梁海燕，陈华.美国户外运动发展及其对我国的启示[J].首都体育学院学报，2012，24（01）：64-67.

[15] 周红伟.我国户外运动安全保障系统的构建研究[J].南京体育学院学报（社会科学版），2010，24（02）：92-96.

[16] 齐震.论我国户外运动安全保障体系的构建[J].管理观察,2009(04):190-192.

[17] 郑向敏,范向丽,肖蓓.大学生户外运动与休闲安全认知分析[J].北京体育大学学报,2010,33(02):42-44+52.

[18] 张鹏飞,陆晶晶.我国户外运动研究现状[J].体育成人教育学刊,2009,25(05):47-49.

[19] 陈志坚,董范.户外运动教学体系的研究[J].武汉体育学院学报,2006(06):106-108.

[20] 操学诚,吴德祖.户外运动与青少年全面发展[J].中国青年研究,2006(06):24-27+23.

[21] 刘佳宇.我国冰雪运动场地布局与发展研究[D].北京:北京体育大学,2017.

[22] 刘华荣.我国高校户外运动风险管理研究[D].北京:北京体育大学,2017.

[23] 赵鹏.美国户外运动的发展经验及启示[D].成都:成都体育学院,2015.

[24] 李中华.我国户外运动安全现状及其保障体系构建研究[D].成都:成都体育学院,2014.

[25] 姜梅英.中国山地户外运动风险防范机制研究[D].北京:北京体育大学,2013.

[26] 李腾.徒步运动的理论与实践研究[D].北京:北京体育大学,2013.

[27] 亓冉冉.我国户外运动发展现状与对策研究[D].北京:中国地质大学(北京),2013.

[28] 史登登.户外运动相关概念辨析与界定[D].沈阳:沈阳体育学院,2013.

[29] 张雨.我国山地户外运动赛事组织理论与实践研究[D].北京:北京体育大学,2011.

[30] 丁媛.上海户外运动俱乐部研究[D].上海:华东师范大学,2011.